논 · 술 · 세 · 계 · 대 · 표 · 문 · 학

53

목로주점

에밀 졸라 | 황종표 엮음

H 훈민출판사

〈목로주점〉의 배경이 된 파리 시가의 전경

The Best World Literature

서재에서 작품을 구상하고 있는 졸라

마네의 화실에서의 졸라 – 오른쪽에서 네 번째가 졸라. 졸라는 르누아르, 마네, 모네를 비롯한 인상주의 화가들을 후원했다.

법정에 선 졸라 – 드레퓌스를 옹호하여 명예훼손 혐의로 유죄 판결을 받게 된다. 이 일로 영국에서 11개월간 망명 생활을 하게 된다.

졸라가 드레퓌스를 변호하며 쓴 글 – 드레퓌스는 프랑스 유대계 장교로, 간첩 혐의를 받고 부당하게 유죄 판결을 받았다.

몽마르트르 묘지에 있는 졸라의 묘

〈목로주점〉의 배경이 된 술집

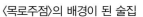

The Best World Literature

파리 몽마르트르 언덕 – 〈목로주점〉의 배경이 되는 곳이다.

졸라의 또 다른 작품 〈제르미날〉도
영화로 만들어졌다.

구인환(丘仁煥)

서울대학교 사범대학 졸업. 동 대학원 졸업(문학박사)
서울대학교 명예교수, 소설가(현). 서울대학교 사범대학 국어교육연구소 소장(현)
문학과문학교육연구소 소장(현). 국제펜 한국본부 부회장(현)
한국소설문학상(1987). 예술문화대상(1994). 한국문학상(2000)
작품 〈숨쉬는 영정〉, 〈살아 있는 날들〉, 〈일어서는 산〉 외 다수

• **저서** 《한국단편소설의 이해》, 《한국현대소설의 비평적 성찰》,
《고교생이 알아야 할 소설》, 《고교생이 알아야 할 세계단편소설》 외 다수

윤병로(尹柄魯)

성균관대학교 국어국문학과 졸업. 동 대학원 졸업(문학박사)
성균관대학교 교수, 문학평론가(현). 한국현대소설학회장(현)
한국문예학술저작권협회 이사(현). 한국간행물윤리위원회 위원(현)
한국펜 문학상(1987). 한국문학상(1988). 대한민국문학상(1989)
수필집 《나의 작은 애인들》 외 다수

• **저서** 《현대 작가론》, 《한국 현대 소설의 탐구》,
《한국 근대 작가 작품 연구》, 《한국 현대 작가의 문제작 평설》 외 다수

홍성암(洪性岩)

고려대학교 국어국문학과 졸업. 한양대학교 대학원 국어국문학과 졸업(문학박사)
동덕여자대학교 교수, 소설가(현). 한국문인협회 회원(현)
한국소설가협회 이사(현). 국제펜 한국본부 소설분과 이사(현). 한민족 문화학회 회장(현)
창작집 《큰 물로 가는 큰 고기》, 《어떤 귀향》 외
대하역사소설 《남한산성》 (전9권) 외 다수

• **저서** 《문학의 이해》, 《현대 작가론》, 《한국 근대 역사소설 연구》 외 다수

기 획 · 감 수

파리의 개선문

논술 *세계대표문학*을 펴내며

  21세기의 사회는 '**전자 문명 시대**'라 일컬어질 만큼 오늘날 전자 산업은 우리 생활의 거의 모든 분야에 다양하게 응용되고 있습니다. 출판 분야 또한 예외는 아니어서, 종래의 서책(Book) 대신에 이른바 '전자책(CD-ROM)'의 출간이 최근 들어 날로 증가하고 있습니다.

  그러나 이러한 전자책은 영상 또는 모니터상으로 흥미 위주나 백과사전식 지식을 습득하는 데는 효과적일지 모르지만, 문학 공부를 위해서는 별로 도움이 되지 않습니다. 바꾸어 말하면, 문학 공부는 각 지면마다 살아 숨쉬는 표현 하나하나를 독자 자신의 머리로 음미하면서 작품을 읽어 나가는 가운데, 풍부한 상상력의 배양과 함께 작가의 의도와 그 작품의 내면을 깊이 있게 이해함으로써 이루어지는 것입니다.

  이에 훈민출판사에서는, 자라나는 학생들이 범람하는 영상 매체에 길들여지기 전에, 어려서부터 유명한 세계문학 작품들을 책자를 통하여 감명 깊게 읽고 감상함으로써, 올바른 문학 공부의 기틀을 다지고, 아울러 전인 교육도 할 수 있도록 《논술 세계대표문학(전60권)》을 펴내게 되었습니다.

  작품 선정은, 초·중·고등학교 국어 교과서와 역사 교과서에 실리거나 소개된 문학 작품을 중심으로 하되, 그리스 신화와 성경 이야기 등의 고전에서부터 중세·근대·현대에 이르기까지 세르반테스·셰익스피어·톨스토이 등 세계 유명 작가들의 장·단편 소설들을 엄선·수록하였습니다. 또 세계의 명시도 별권으로 엮었으며, 특히 각 단락마다 '**논술 문제**'를 제시하여, 장차 대학입시를 비롯한 각종 '논술 고사'에 예비 지식을 쌓을 수 있도록 배려하였습니다. 아무쪼록, 이 《논술 세계대표문학(전60권)》이 자라나는 학생들에게 문학 공부의 주춧돌이 되고, 나아가 미래를 살아가는 데 **정신적 자양분**이 되기를 진심으로 바라 마지않습니다.

훈민출판사

차례

목로 주점

졸 라

지은이

1840~1902년. 프랑스 파리에서 출생. 가난한 집에서 태어나 힘든 어린 시절을 보냈다. 1862년 〈클로드의 고백〉 등을 발표하였으며, 1866년에 〈테레즈 라캥〉, 〈마들렌 페라〉를 발표하였다. 1868년부터 루공 마카르 가문의 이야기를 다룬 〈루공 마카르 총서〉를 구상하여 1870년대부터 쓰기 시작하였다. 여기에는 〈목로 주점〉, 〈나나〉 〈제르미날〉, 〈대지〉, 〈수인〉 등 졸라의 대부분의 걸작이 들어 있다. 졸라는 개인보다는 집단을, 특히 하층 대중을 묘사하는 데에 뛰어났다. 또한 그는 인간의 추악과 비참성을 적나라하게 파헤쳤는데, 그것이 인간 생활의 개선과 진보에 도움이 된다고 생각하였기 때문이다.

목로주점

1

제르베즈는 새벽 두 시까지 랑티에를 기다렸다. 속옷 차림으로 찬바람이 부는 창가에 서 있어서 추웠다. 그러다가 침대에 눕자마자 잠이 들어 버렸다.

일주일 전 제르베즈와 랑티에는 '쌍두 송아지 집'이라는 음식점에서 식사를 하고 나서, 랑티에는 일자리를 찾으러 나간답시고 아이들과 함께 먼저 자라고 하고는 새벽에 들어왔다. 어젯밤에도 랑티에를 기다리다가 제르베즈는 언뜻 남편이 그랑 발콩 댄스홀로 들어가는 것을 본 것 같았다. 그 때 남편 뒤에는 금속 공장의 직공인 몸집이 작은 아델르가 대여섯 걸음 뒤에서 따라가는 것 같았다.

제르베즈는 새벽 다섯 시쯤 허리가 아프고 몸이 뻣뻣해져서 잠을 깼다. 그녀는 울기 시작했다. 그 때까지도 랑티에는 돌아오지 않았다. 그가 외박을 한 것은 이번이 처음이었다.

그녀는 글썽거리는 눈으로 방 안을 둘러보았다. 초라한 방이다. 가구라고 해야 서랍 하나가 빠져 나간 호두나무 옷장, 밀짚 의자가 셋, 기름때 묻은 작은 탁자가 하나, 그리고 그 위엔 이 빠진 물병이 놓여 있었고, 벽에는 헌옷 장수도 거들떠보지 않을 것 같은 옷들이 걸려 있었다. 벽난로 위엔 분홍색 전당표 묶음이 놓여 있었다. 그래도 이 방은 이 건물에서 비교적 깨끗한 편에 속했다.

두 아이는 나란히 자고 있었다. 여덟 살 클로드와 이제 겨우 네 살인 에티엔은 새근새근 숨을 쉬고 있었다. 아이들을 보자 제르베즈는 울음이 터져 나올 것 같았다. 그녀는 창가로 가서 다시 랑티에를 기다렸다.

이 건물은 샤페르 거리를 향한 푸아소니에르 시문 왼쪽에 있는 다 쓰러져 가는 3층 건물이었다. 건물 외벽은 검붉은 빛깔이었고 덧문은 비를 맞아 썩어 있었다. 건물 모퉁이에 매달린 금이 간 등에는 '봉궤르 호텔, 마르슐리에 경영'이라고 씌어 있었지만 곰팡이가 슬어 글자가 제대로 보이지 않았다.

이 건물 근처에는 도축장이 있었다. 그래서 바람이 불 때마다 악취와 피비린내가 풍겨왔다. 왼쪽으로는 한창 건축 중인 라리부아지에르 병원 건물이 있는 곳까지 긴 가로수 길이 있었다. 그녀는 창가에 서서 도시 구석구석을 쳐다보았다.

이윽고 그녀가 눈을 들어 성벽 저편을 보니 아침 햇살이 퍼지고 있었다. 그녀의 시선은 푸아소니에르 시문 쪽에 멈춰 있었다. 몽마르트르와 샤페르 언덕에서 내려오는 사람과 짐수레들이 계속해서 세관 건물 사이를 지나가고 있었다. 이 모든 광경을 그녀는 얼빠진 듯이 바라보았다. 일터로 출근하는 노동자들도 있었다.

제르베즈는 그들 속에 랑티에가 있을 것 같아 랑티에를 찾으려고 창밖으로 아슬아슬하게 몸을 내밀었다. 그 때 젊고 명랑한 목소리가 들려왔다.

"랑티에 부인! 주인은 안 계시는군요."

"네, 안 계세요. 쿠포 씨."

쿠포는 이 건물 맨 꼭대기 층의 작은 방을 빌려 쓰는 함석장이었다. 어깨엔 늘 연장 주머니를 매고 다녔다.

쿠포 씨가 스스럼없이 문을 열고 들어왔다.

"아시겠지만 저는 지금 저 병원에서 일해요. 5월은 참 좋은 달이죠. 그런데 주인은 간밤에 안 들어오신 모양입니다. 하지만 부인, 너무 상심 마세요. 그 사람 요즘 정치에 열을 올리는 것 같더군요. 어젯밤에도 아마 친구들과 정치 이야기를 하느라 정신 없었을 겁니다."

"아니에요. 저는 랑티에가 어디 있는지 알아요."

쿠포는 우유를 갖다 주겠다는 둥, 부인은 아름답고 용기가 있다는 둥, 곤란한 일이 있으면 도와주겠다는 둥의 말을 남기고 나갔다. 쿠포가 나가자마자 제르베즈는 또다시 창가로 갔다.

시문 근처에는 벌써 사람들이 웅성거리고 있었다. 또한 푸아소니에르 네거리에 있는 술집에는 벌써부터 술꾼들이 몰려들었다. 제르베즈는 길 왼쪽에 있는 콜롱브 영감의 가게 안을 살폈다. 혹시 그 곳에 랑티에가 있을지 몰라서였다. 바로 그 때 뚱뚱한 여자 하나가 제르베즈에게 소리쳤다.

"랑티에 부인, 일찍 일어나셨네요?"

"오늘 할 일이 많아서요."

창문과 길 사이에서 대화가 시작되었다. 보슈 부인은 1층에 있는 '쌍두 송아지 집'이 있는 건물의 관리인이었다. 보슈 부인은 남편이 외투 수선을 끝낼 수 없어서 지금 가까운 거리에 사는 직공을 깨우러 간다고 이야기했다. 그러면서 베르지니 자매가 남자들을 불러들인다며 내보내야겠다고 말했다. 그녀는 그렇게 떠들면서 호기심 가득한 눈빛으로 제르베즈의 얼굴을 쳐다보았다.

"랑티에 씨는 아직도 주무시나요?"

"네, 자고 있어요."

제르베즈의 얼굴이 붉어졌다. 보슈 부인은 제르베즈의 눈에 눈물이

글썽거리는 것을 보았다. 그러자 보슈 부인은 남자들은 모두 형편없는 건달이라고 말문을 돌렸다.

"아침에 빨래터에 갈 거죠? 나도 갈 거예요. 제가 자리를 잡아 놓을 테니 그 때 이야기해요."

제르베즈는 두 시간이나 더 창가에 서 있었다. 몽마르트르와 샤페르 언덕에서 내려오던 노동자들의 물결도 멈춘 지 오래되었다.

이윽고 큰 거리엔 아침의 평화가 찾아왔다. 이 근처에 사는 연금 생활자들이 양지 쪽에서 산책을 하고 있었고, 지저분한 부인네들이 아기를 안고 있기도 하고 벤치 위에서 기저귀를 갈기도 했다.

제르베즈는 이미 희망도 사라진데다 괴로움으로 현기증이 일어나 눈앞이 캄캄했다. 모든 것이 끝났다. 이제 랑티에는 돌아오지 않을 것 같았다. 제르베즈는 이제 울 기운도 없어 두 손을 축 늘어뜨린 채 의자에 앉았다.

그 때 랑티에가 슬며시 문을 열고 들어왔다. 제르베즈는 남편에게 달려가 매달리려고 했다. 하지만 남편은 아내를 밀어 내면서 기분 나쁜 표정을 지으며 모자를 옷장 위로 아무렇게나 던졌다. 스물여섯 살인 이 사나이는 작은 몸집에 갈색 머리였다. 얼굴은 예쁘장했다. 그리고 말을 할 때마다 프로방스 사투리를 심하게 썼다.

제르베즈는 의자에 주저앉으며 조용한 말투로 불평을 했다.

"저는 간밤에 한숨도 못 잤어요. 당신한테 무슨 일이 생기지 않았나 해서요……. 어디에 갔었죠? 어디서 잤나요? 다시는 그러지 말아요."

"제기랄! 볼일이 있었어! 여덟 시에는 모자 공장을 차리려고 하는 친구 집에 있었어. 늦어서 친구 집에서 잤어……. 난 마누라가 꼬치꼬치 따지는 것은 딱 질색이야. 제발 그만둬!"

제르베즈는 또다시 울기 시작했다. 랑티에가 악을 쓰는 바람에 아이

들이 잠에서 깨어났다. 아이들은 엄마의 울음소리에 놀라서 잠이 덜 깬 상태에서 덩달아 울어 댔다.

"또 시작이군! 분명히 일러 두지만 난 또 나갈 거야. 이번에는 아주 나가겠다고. 잘 있어. 어젯밤 그 집으로 갈 테니까."

"안 돼요, 안 돼."

제르베즈는 아이들을 달래어 울음을 그치게 하고는 다시 재우려고 아이들을 자리에 눕혔다. 아이들은 금세 조용해지더니 침대에서 장난을 치고 놀았다. 랑티에는 잠을 못 잔 푸석한 얼굴과 피곤한 모습으로 구두도 벗지 않은 채 침대에 벌렁 누웠다. 그러나 잠이 들지는 않았다. 그러고는 방 안을 둘러보더니 이렇게 말했다.

"여긴 깨끗하군."

이어 짓궂은 눈빛으로 아내를 보더니,

"당신은 이제 세수도 안 하는 거야?"

라고 말했다.

제르베즈는 겨우 스물두 살이었다. 좀 마르긴 했지만 키도 크고 얼굴도 예쁘장했다. 그러나 벌써 살림에 찌든 흔적이 역력했다. 랑티에의 말을 듣자 그녀는 힘을 내어 말했다.

"당신 너무해요. 제가 최선을 다하고 있다는 건 당신도 아시죠? 우리가 이 곳으로 온 것은 제 탓만은 아니에요. 파리에 왔을 때 우리가 낭비하지 않고 계획한 대로만 살았다면 이런 꼴은 안 됐을 거예요."

"이것 봐! 당신도 같이 놀았잖아. 이제 와서 후회하면 뭐해?"

"열심히 일하면 이 처지에서 벗어날 수 있을 거예요……. 어젯밤 세탁소 포코니에 부인을 만났어요. 월요일부터 일할 수 있대요. 당신도 글라시에르의 친구하고 일하면 우리 형편은 나아질 거예요. 그러니 일을 해야 해요."

랑티에는 아내의 말이 귀찮다는 듯이 벽쪽으로 돌아누웠다. 그러자 제르베즈는 화가 났다.

"그래요. 당신은 일하기 싫겠지요. 당신은 시시한 일은 하기 싫은 거죠? 멋지게 옷을 차려입고 창녀들이랑 어울리고 싶은 거지요? 난 당신이 간밤에 어디서 잤는지 알고 있어요. 여자와 함께 댄스홀로 들어가는 것을 봤어요. 여자는 아주 잘 고르던데요? 그런데 그 여자는 식당에 드나드는 아무 남자하고나 잠을 잔다면서요?"

이 말에 랑티에는 침대에서 뛰어내려와 아내를 매섭게 노려보았다.

"보슈 부인이 그러는데, 그 계집애와 언니를 내쫓는대요. 남자들이 하도 끊이질 않아서 창피하대요."

랑티에는 두 주먹을 치켜들었다. 그러나 감정을 억누르는 듯 주먹을 내리고 결단을 내린 듯한 표정으로 말했다.

"제르베즈, 넌 지금 말도 안 되는 소리를 한 거야. 이제 두고 봐."

아이들은 두 사람의 싸움에 놀라 한참을 훌쩍였다. 제르베즈가 아이들을 끌어안았다.

"불쌍한 것들! 너희들만 없다면……. 너희들만 없다면……."

랑티에는 이제 아무 소리도 내지 않고 어떤 생각에 골똘해졌다. 한 시간 동안이나 무언가를 고민하는 것 같았다.

제르베즈는 방 안 정돈을 끝내려는 참이었다. 그녀는 아이들에게 옷을 입히고 침대를 정리하고 있었다.

반면 랑티에는 가만히 아내를 바라보고만 있었다. 한참 동안이나 두 사람은 아무 말도 주고받지 않았다. 그녀가 구석에 있는 빨랫감들을 모을 때 그가 말을 걸었다.

"어디 가?"

"빨래하러요."

"당신 돈 있어?"

"돈이요? 나한테 무슨 돈이 있겠어요? 빨래터 값으로 낼 4수밖에 없어요. 난 술집 여자들처럼 그렇게 돈을 많이 벌지 못해요."

침대에서 내려온 그는 벽에 걸린 옷들을 훑어보았다. 그리고 옷장을 열어 블라우스 한 벌과 속옷 두 벌, 바지와 숄을 제르베즈에게 내밀며 말했다.

"이것들을 전당포에 잡히고 와."

"왜, 아이들도 아주 전당포에 잡히죠?"

그러면서도 그녀는 전당포로 갔다. 30분쯤 뒤에 그녀는 돌아와서 난로 위에 5프랑짜리 은화 한 닢을 올려놓았다. 랑티에는 그 은화를 주머니 속에 넣었다. 그래도 얼른 집어넣지는 않았다.

"일주일째 외상으로 먹어서 우유 가게는 못 갔어요. 나갔다 올 테니 그 동안 빵과 돼지 뼈를 사다 주세요. 그것으로 점심을 먹게요. 그리고 포도주도 한 병 사오세요."

남편은 싫다고는 하지 않았다. 서로 화해를 한 것 같았다. 제르베즈는 빨랫감을 챙겼다. 그리고 랑티에의 셔츠와 양말을 꺼내려고 하자 그가 소리쳤다.

"내 속옷은 빨지 마."

"왜요? 설마 이렇게 더러운 옷을 또 입으려는 것은 아니겠죠?"

그는 화를 내며 아내의 손에서 속옷을 빼앗았다.

"도대체 왜 그러죠?"

"왜냐고? 이리저리 돌아다니면서 날 먹여살린다고 떠들어 대는 것을 내가 모를 줄 알고?"

그녀는 그런 말을 한 적이 없다고 했지만 남편은 트렁크를 난폭하게 닫더니,

"내 일은 내가 할 거라고!"

라고 소리쳤다. 그러나 집요한 아내의 시선을 피하기 위해,

"졸리단 말야."

하고는 침대 위에 누웠다. 그러더니 곧 잠이 들어 버렸다.

제르베즈는 마음을 잡을 수 없었다. 그러다 랑티에의 규칙적인 숨소리를 듣자 기분이 가라앉았다. 그녀는 창가에서 헌 병마개를 가지고 노는 아이들 쪽으로 가서 조용히 말했다.

"엄마는 빨래를 하러 갈 거야. 조용히 해. 아빠가 주무시니까."

제르베즈가 방을 나왔을 때 아이들의 나직한 웃음소리가 들렸다. 열 시였다. 반쯤 열린 창으로 햇살이 들어오고 있었다.

빨래터는 오르막길이 시작되는 곳에 있었다. 제르베즈는 빨래터의 주인과 잘 알았다. 주인은 작고 예쁘장했지만 눈병을 앓아 눈가가 짓물러 있었다. 창문이 달린 작은 방에 여주인이 장부를 앞에 놓고 있었다. 제르베즈는 여주인에게 지난번에 맡긴 빨랫방망이와 솔을 받았다. 그리고 번호표를 받아 안으로 들어갔다.

그 곳은 넓은 헛간 같은 곳이었다. 밝고 커다란 창이 여기저기 열려 있었다. 부인네들이 열을 지어 어깨 밑까지 소매를 걷어올리고 방망이질을 하고 있었다. 서로 웃고 떠들며 빨래를 하고 있었다.

제르베즈는 종종걸음으로 통로를 걸어갔다. 그녀는 평상시보다 다리를 심하게 절었다.

"잠깐! 여기예요!"

보슈 부인이었다.

"여기 앉아요. 자리를 잡아 놓았으니까. 나는 열두 시 전에 빨래를 마치고 밥 먹으러 가요……. 어머, 그 셔츠는 잿물에 담가 놓아야겠어요. 아이들이 장난꾸러기들이라 옷을 엉망으로 만들어 놓았네요."

제르베즈는 속옷을 꺼내어 색깔이 있는 것은 따로 놓았다. 제르베즈는 소매를 걷어붙이고 싱싱하고 아름다운 두 팔을 드러낸 채 속옷을 빨기 시작했다. 좁다란 빨래판 위에 속옷을 펼쳐 놓고 비누질을 해서 비비고 뒤집어서 또 비벼 댔다.

제르베즈와 보슈 부인은 큰 소리로 이야기했다.

"우리는 결혼식을 올리지 않았어요."

제르베즈가 말했다.

"랑티에는 점잖은 남자가 아니에요. 아이들만 없다면 정말……. 첫 아이를 열네 살에 낳았어요. 그이는 열여덟이었죠. 둘째는 4년 뒤에 낳았어요. 전 집에 있을 때도 행복하지 않았어요. 아버지는 걸핏하면 때렸어요. 그러니 밖으로 나가고 싶은 생각이 들 수밖에요. 우린 결혼하고 싶었지만 부모님들이 허락을 해 주지 않았어요……. 그런데 파리의 물은 비누가 잘 풀리지 않네요."

보슈 부인은 천천히 빨래를 했다. 그리고 호기심에 가득 찬 눈빛으로 그녀의 말에 귀를 기울였다.

"그래, 그 사람이 점잖지 않다고요?"

"고향에서는 내게 잘해 주었지만 파리로 와서는 달라졌어요. 작년에 그의 어머니가 돌아가셨어요. 그이에게 1천7백 프랑을 남겼죠. 그인 파리로 가고 싶어했어요. 거기다가 나 역시 아버지에게 이유 없이 매를 맞고 있어서 그이와 함께 오게 되었어요. 우리는 두 아이를 데리고 이 곳으로 왔지요. 나는 세탁 일을 하고 그이는 모자 만드는 일을 하기로 했어요. 그런데 랑티에는 씀씀이가 헤픈데다 노는 것밖에 몰라요. 우리는 몽마르트르 거리에 있는 호텔에 숙소를 정하고 외식을 하고 마차를 타고 영화 구경을 다녔어요. 그이는 시계를, 나는 비단 드레스를 샀어요. 이런 식으로 두 달을 보내니까 빈털터리가 되더군요. 그 뒤로는 이렇게 가난한 생활을 하게 된 거예요."

"그 양반 바람기가 있는 것 같더군요."

보슈 부인의 말에 제르베즈는 아무 말도 하지 않았다.

"별일은 아니지만 두세 번 본 적이 있어요."

그러자 제르베즈는 벌떡 일어나 보슈 부인을 노려보았다. 그 눈초리에 놀란 보슈 부인은 당황했다.

"어머! 아니에요. 난 아무것도 몰라요! 우리 집에 하숙하고 있는 자매, 당신도 알잖아요. 아델르와 베르지니 말예요. 그 처녀들과 댁의 남편이 농담을 하더라고요. 아무것도 몰라요. 난 정말 몰라요…… . 그 양반은 솔직해 보여요. 아마 당신과 꼭 결혼식을 올릴 거예요."

잠시 동안 두 사람은 말이 없었다. 빨래터는 다시 조용해졌다.

열한 시를 알리는 시계 소리가 나자 빨래를 하던 부인네들은 빵에 소시지를 끼워 먹었다. 그런 가운데서도 증기 기관은 멈추지 않고 끊임없이 소리를 내며 넓은 빨래터를 꽉 채우고 있었다. 곳곳에서 더워 못 견디겠다는 소리를 했다. 그러자 심부름꾼 샤를르가 창으로 가서 회전창을 열었다.

"어머나, 키다리 베르지니가 여긴 웬일이야? 저 여자가 여길 뭘 빨러 왔을까?"

제르베즈는 얼굴을 돌렸다. 베르지니는 나이가 제르베즈와 비슷했지만 키는 더 컸다. 얼굴이 갸름한 아름다운 아가씨였다. 옷단을 장식한 옷을 입고 목에는 붉은 리본을 달았다.

그녀는 제르베즈를 보자 엉덩이를 흔들면서 그 옆을 지나 다섯 개의 물통을 사이에 두고 자리를 잡았다.

"저 여잔 자기 소매 한 쪽도 빨아본 적이 없는 게으름뱅이예요. 재봉사면서도 자기 양말 하나 꿰매지 않는다니까요. 동생 말괄량이도 그렇고요. 부모가 누군지, 무엇을 해서 먹고 사는지 아무도 몰라요."

보슈 뷰인이 나직하게 말했다. 보슈 부인은 제르베즈의 비위를 맞추려고 애쓰는 게 분명했다. 그러나 사실 보슈 부인은 그 자매에게 커피를 얻어 마시는 처지였다. 제르베즈는 대답도 하지 않고 빨래만 했다.

그녀는 일부러 베르지니에게 등을 돌렸다. 그러나 베르지니의 비웃음 소리가 들렸고 그녀가 곁눈질로 자기를 흘겨 보는 것을 느꼈다. 갑자기 제르베즈가 뒤돌아보자 두 사람은 눈이 마주치며 서로 노려보았다.

이 때 샤를르가 외쳤다.

"두 꼬마가 엄마를 찾아왔어요."

여자들이 모두 돌아보았다. 제르베즈는 자기의 아이들임을 알았다. 아이들은 엄마의 모습을 보자 물 속을 첨벙거리며 달려왔다. 두 꼬마는 엄마 앞에 와서 우두커니 엄마를 올려다보았다.

"아빠가 보냈니?"

그런데 클로드가 방 열쇠를 갖고 있는 모습이 제르베즈의 눈에 들어왔다.

"어머나! 열쇠를 가져왔구나. 무슨 일이니?"

"아빠가 나가 버렸어."

"아빠는 점심거리를 사러 간 거야."

"아빠는 갔어요……. 침대에서 일어나 트렁크에다 아빠 것을 모두 넣어 마차에 싣고 갔어요."

제르베즈는 얼굴이 창백해졌다. 보슈 부인이 아이들에게 물었다.

"애들아, 이유를 말해 줘야지. 아빠가 문을 잠그고 너희들에게 열쇠를 엄마에게 가지고 가라고 했지? 마차 속에 어떤 여자가 타고 있지 않았니?"

아이는 잠시 머뭇거리다가 다시 말했다.

"아빠는 침대에서 일어나더니 아빠 것을 몽땅 트렁크에 넣어 가지고 나갔어요."

말을 마치자 클로드는 동생을 데리고 물장난을 치기 시작했다. 제르베즈는 손으로 얼굴을 감싸고 숨을 죽였다. 몸이 가늘게 떨렸다. 긴 한숨이 새어 나왔다.

"이봐요, 기운을 내요. 모두들 보고 있잖아요……. 겨우 그까짓 남자 때문에 괴로워할 것 없어요. 당신은 아직도 그 사람을 사랑하는군요. 조금 전까지만 해도 그 사람에 대해 화를 내 놓고서. 그런데 지금은 이렇게 울고불고하니……."

그리고 나서 어머니 같은 말투로 말했다.

"당신 같은 여자가 이렇게 되다니. 모든 것을 털어놓을게요. 사실 어젯밤에 아델르가 랑티에랑 같이 들어왔어요. 베르지니는 요즘 남자가 생겨서 일주일에 두 번은 그 사람 집에 가거든요……. 인정머리 없는 베르지니 좀 봐요. 당신이 우는 것을 보고 웃고 있어요. 저 매정한 년은 일부러 당신을 보러 여기 온 걸 거예요. 그리고 동생한테 당신 이야기를 해 주려고요."

제르베즈는 눈을 들어 베르지니를 바라보았다. 몸이 와들와들 떨리고 현기증이 났다. 팔을 내밀어 땅바닥을 짚으려고 하다가 물이 가득 찬 통에 손이 닿았다. 제르베즈는 그것을 들어 베르지니에게 들이부었다.

"이년아, 왜 그러는 거야? 이게 미쳤나!"

키다리 베르지니가 외쳤다. 빨래를 하던 여자들이 두 사람을 둘러쌌다. 베르지니도 물통을 제르베즈에게 들이부었다. 두 사람은 새앙쥐 꼴이 되었다. 블라우스는 어깨에 달라붙고 스커트는 허리에 들러붙었다. 두 여자는 빨래터 물 속으로 들어가 첨벙거리며 미친 듯이 싸웠다.

그런데 갑자기 베르지니가 펄펄 끓는 양잿물통을 집어들어 제르베즈에게 던졌다. 그 순간 찢어지는 비명 소리가 났다. 여자들은 제르베즈가 끓는 양잿물을 뒤집어쓴 줄 알았다. 그러나 다행히 왼쪽 다리에 가벼운 화상만 입었다.

제르베즈는 너무 화가 나 베르지니의 다리를 향해 빈 물통을 던졌다. 베르지니는 그 자리에서 쓰러졌다. 곧이어 베르지니는 다시 일어났다. 또다시 두 여자는 뒤엉켜 싸웠다. 손톱을 세워 얼굴을 할퀴고 머리를 잡아뜯었다.

이윽고 베르지니의 빨간 리본과 머리에 쓴 파란 망사가 찢어졌다. 블라우스도 찢겨져 어깨가 드러났다. 금발머리인 제르베즈는 소매가 찢겨져 나갔고 속옷도 찢어졌다. 먼저 피를 흘린 쪽은 제르베즈였다. 입가에서 턱 밑으로 세 줄기의 손톱 자국이 났다.

"서로 죽기살기군. 떼어 놓지 않으면 둘 다 죽겠어요."

몇 사람이 소리쳤다.

"샤를르, 샤를르!"

보슈 부인은 심부름꾼을 찾았다. 그는 히죽히죽 웃으며 두 여자가 맨살을 드러내 놓고 싸우는 것을 구경하고 있었다.

"이봐요, 좀 말려 줘요!"

"저 혼자서는 곤란해요……. 저 혼자 감당할 수는 없어요. 그런 일을 하려고 여기에 고용된 것은 아니니까요. 피를 흘리면 오히려 두 사람에게 약이 될 거예요. 기분이 후련해지니까요."

"그러면 경찰에 알려 줘."

그러자 여주인이 단호하게 거절했다.

"안 돼요. 우리 장사에 지장이 생겨요."

땅바닥에서는 격투가 계속되고 있었다. 갑자기 베르지니가 무릎을 짚고 일어나더니 빨랫방망이를 잡고 휘둘러 댔다. 제르베즈도 빨랫방망이를 잡고 휘둘렀다. 두 사람은 서로 위협만 할 뿐 잠시 동안 움직이지 않았다. 둘 다 머리가 산발이 되었다.

제르베즈가 먼저 일격을 가했다. 이리하여 마치 방망이로 빨래를 두드리듯 서로를 두들겨패기 시작했다. 사람들은 이제 더는 못 보겠다며 하나둘 자리를 뜨고, 남은 사람들은 두 여자의 맹렬한 모습을 지켜보았다. 보슈 부인은 클로드와 에티엔을 데리고 그 곳을 피했다. 두 아이의 엉엉 우는 소리가 들렸다.

갑자기 제르베즈가 큰 소리로 울었다. 베르지니의 방망이가 팔꿈치를 사정없이 내리친 것이다. 잠시 후 제르베즈도 덤벼들었다. 마치 때려 죽일 것 같았다.

그러나 아무도 말리는 사람은 없었다. 제르베즈가 너무도 무서운 형상을 하고 있었기 때문이다.

그녀는 있는 힘을 다해 베르지니의 몸통을 꺾어 허리를 공중으로 들어올려 얼굴을 바닥에 내동댕이쳤다. 그리고 스커트를 걷어올려 팬티를 벗겼다. 넓적다리와 엉덩이가 모두 드러났다. 그렇게 해 놓고 제르베즈는 그녀의 엉덩이에다 방망이질을 했다. 내리칠 때마다 흰 살에 붉은 줄이 생겼다. 제르베즈는 빨래를 두들기듯 베르지니를 두들겨 댔다.

이제 모두들 제르베즈 손에서 베르지니를 떼어 내야 했다. 베르지니는 사람들의 도움으로 일어나 도망쳐 버렸다. 제르베즈는 옷을 고쳐 입었다. 팔이 아팠다. 그녀는 보슈 부인에게 빨래 보따리를 어깨에 얹어 달라고 했다.

"당신, 어딘가를 다쳤을 거예요."

보슈 부인이 빨래 보따리를 얹어 주자 제르베즈는 입구로 갔다. 아이들이 엄마를 그 곳에서 기다리고 있었다.

"두 시간이니까 2수예요."

빨래터 주인이 말했다.

아이들은 아직도 훌쩍거리고 있었다. 눈물을 흘려서 더러워진 얼굴로 엄마 양쪽에 매달려 걸었다.

제르베즈는 봉궤르 호텔 골목에 들어서자 눈물이 나왔다. 그야말로 가난과의 싸움으로 보낸 두 주였다. 그 사이 남자는 자기와 아이들을 버리고 떠나 버렸다.

방은 텅 비었고 창문으로 햇살이 가득 들어왔다. 그렇게 스며든 햇살은 천장과 벽지의 벽을 더욱 비참하게 보이게 했다. 벽난로 위의 옷걸이에는 여자 목도리 하나가 걸려 있을 뿐이었다. 옷장 서랍은 텅 비어 있었다. 조금 전까지 가방이 놓여 있던 한쪽 구석이 텅 비어 보였다.

갑자기 그녀는 어떤 예감이 들어 벽난로 위를 보았다. 역시 랑티에는 전당표 묶음까지 가지고 갔다.

너무 기가 막혀서 더 이상 눈물도 나오지 않았다. 그녀는 창가로 다가가 두 아이의 머리를 두 팔로 안고는 회색 거리를 바라보며 한참을 멍하니 서 있었다. 그녀는 문득 가난에서 영영 벗어나지 못할 것 같은 허탈감에 빠져들었다.

2

그로부터 3주 후, 오전 열한 시 반경, 제르베즈와 함석장이 쿠포는 콜롱브 영감의 목로주점에 함께 있었다. 그들은 브랜디에 담근 자두를 먹고 있었다. 세탁물을 배달하고 오던 제르베즈를 쿠포가 억지로 데리고 온 것이다.

콜롱브 영감의 목로주점은 푸아소니에르 거리 모퉁이에 있었다. 이 주점의 명물은 떡갈나무 칸막이 건너편 안뜰에 있는 증류기였다. 주점은 텅 비어 있었다. 쿠포는 담배에 불을 붙였다. 그러고는 테이블에 팔꿈치를 괴고 한동안 아무 말 없이 제르베즈를 바라보았다.

"그래, 안 되겠소?"

"물론 안 되죠. 여기선 그런 얘기 하지 말아요. 이런 말을 할 줄 알았다면 따라오는 게 아니었는데……. 정말, 나는 당신을 생각해 본 적이 없어요. 저에게는 여덟 살 된 아들이 있어요. 우리가 함께 살아서 무엇을 하겠단 말인가요? 가장 노릇을 하기가 얼마나 어려운지 아세요? 나는 이제 남자라면 지긋지긋해요……. 하지만 제가 결혼을 한다면 당신을 생각하겠어요. 당신은 마음이 좋은 사람 같고 친절하니까요. 하지만 지금은 결혼하고 싶은 마음이 없으니 어떡하겠어요. 전 두 주 전부터 포코니 부인 가게에 나가 일해요. 전 지금이 좋아요……. 포코니 부인이 기다릴 텐데 시간이 너무 많이 지체되었어요. 이만 가 보겠어요. 다른 여자를 찾아보세요, 쿠포 씨. 저보다 예쁘고 아이도 없는 여자 말이에요."

제르베즈는 일어나 바구니를 집었다.

"잠깐만! 아직 열두 시가 되려면 25분 남았어요. 그냥 이렇게 잠깐 이야기하는 것조차 싫을 만큼 내가 싫은가요?"

제르베즈는 그의 기분을 상하게 하지 않으려고 다시 의자에 앉아 사이좋은 친구처럼 이야기를 나누었다. 길에는 벌써 노동자들이 싸구려 식당을 나와 짝을 지어 천천히 거리를 내려오고 있었다. 목로주점에도 사람들이 몰려들기 시작했다.

두 사람은 랑티에 이야기를 했다.

"전 그 사람을 사랑했었죠. 하지만 이렇게 버림을 받고 보니……."

제르베즈는 랑티에가 떠난 뒤 그를 한번도 만나지 못했다. 그는 글라시에르에서 모자 공장을 차리기로 한 친구에게 가서 베르지니의 동생과 함께 살고 있을 것으로 여겨졌다. 그러나 그의 뒤를 쫓아다닐 생각은 없다. 처음 얼마 동안은 괴로워서 물에 빠져 죽을 생각까지 했다. 하지만 이제 마음의 정리가 다 되었다.

"당신이 베르지니를 때렸다죠? 그리고 보니 당신도 좋은 사람은 아니군요. 매질을 하는 걸 보니……."

제르베즈는 한참 웃어댔다. 베르지니가 여러 사람 앞에 알몸을 보인 것이 부끄러워 마침내 동네를 떠났다고 말하자, 그녀는 더욱 크게 웃었다. 그러면서 자기 손을 내보이며 파리 한 마리도 잡지 못 한다고 말했다. 사람을 때릴 수 있었던 것은 계속 맞기만 해서라고 말했다. 그러면서 플라상에서 보냈던 처녀 시절 이야기를 했다.

"저는 남자를 쫓아다니지 않았어요. 남자들을 싫어했어요. 열네 살에 랑티에와 친하게 되었는데 그 사람이 저와 결혼하겠다고 했고, 전 저대로 근사하다고 생각했어요. 저의 단점은 너무 정에 약해서 아무나 좋아하고 나중에는 괴로움을 주는 남자들에게 계속 빠져 버리는 거예요……. 저는 일만 하는 어머니를 닮았어요. 어머니는 20년 이상 아버지가 시키는 대로 소처럼 일했어요. 고생만 하다 돌아가셨지요. 그런데 남자를 미치도록 좋아하는 것도 어머니를 닮았어요. 제가 약간 다리를 저는 것도 어머니에게서 물려받은 건지도 몰라요. 어머니는 늘 아버지한테 얻어맞았으니까요. 아버지가 취해서 돌아온 어느 날 밤 어머니를 우악스럽게 껴안았대요. 아마 그 밤에 어머니 뱃속에 있는 내가 다쳤나 봐요."

"아니, 아무렇지도 않아요. 거의 눈에 띄지도 않는데요, 뭘."

하지만 그녀는 고개를 저었다.

"절름발이를 좋아하다니 별난 취미군요."

쿠포는 제르베즈를 유혹하듯이 자기의 얼굴을 바짝 그녀의 얼굴에 갖다 댔다. 그러나 그녀는 유혹에 빠지지 않으려고 머리를 흔들었다. 그리고 밖으로 시선을 돌렸다.

멀리서 공장의 종소리가 들려왔다. 그러나 점심을 먹으러 나온 노동자들은 별로 서두르지 않았다.

"어머, 저 사람들 무척 게으른가 봐요."

"저기 키 큰 남자가 보이나요? 저 사람은 '장화'라는 별명이 있어요."

목로주점은 만원이었다. 두 사람이 대화를 나누고 있을 때 누군가 다가와 쿠포의 어깨를 쳤다.

"어이! 자네 카시스 도령 아닌가?"

바로 '장화'였다.

"그렇게 셔츠를 입고 있으니 신사 같은데! 어때, 맛있는 거라도 한턱 내야 하지 않겠어?"

"야! 까불지 마."

쿠포는 퉁명스럽게 대답했다. 별명이 장화라는 남자는 제르베즈를 힐끗 쳐다보고는 등을 돌렸다. 제르베즈는 어쩐지 기분이 나빠 몸을 움츠렸다. 파이프 담배 연기와 술냄새와 남자들의 체취가 싫어 잔기침을 했다.

"술을 마시는 것도 괴로운 일이군요."

그녀는 플라상에 있을 때 어머니와 함께 아니스 술을 마시던 이야기를 했다. 그러고는 죽을 뻔하게 혼난 이후로 술이라면 진절머리가 난다고 말했다. 쿠포 역시 자기도 가끔 매실주 한 잔쯤은 괜찮지만 술은 싫다고 했다. 그러면서 아버지가 지독한 술꾼이었는데, 어느 날 술에 취해 배수구에 떨어져 머리가 돌에 부딪쳐 깨진 것을 보고 술이 싫어졌다고 말했다. 제르베즈는 빨래 바구니를 집어들었다. 그리고 천천히 말을 꺼냈다.

"저는 큰 걸 바라지 않아요. 그저 착실하게 일하고 밥 세 끼 먹고 잠 잘 수 있는 깨끗한 방에 침대 하나, 테이블 하나, 의자 두 개면 돼요. 그리고 내 아이들이 훌륭한 사람이 되는 거지요. 또 한 가지 소원은 내가 살림을 차린다면 매를 맞지 않는 거예요. 정말 매는 맞기 싫어요. 그리고 내 침대에서 죽는 것 그게 전부예요."

"제르베즈, 당신이 나보고 때려 달라고 부탁을 해도 나는 당신을 때리지 않을 거예요. 난 술은 한 방울도 못하고 당신을 너무도 사랑하니까. 어때요, 오늘 밤 우리 함께 따뜻하게 보내는 것은?"

그러나 그녀는 몇 번이고 도리질을 했다. 하지만 그에게 미소를 던졌다. 두 사람은 밖으로 나왔다. 목로주점은 아직도 만원이었다. 술 취한 사람들의 왁자한 소리와 싸구려 술냄새가 거리까지 풍겨 나왔다.

"밖에 나오니 살 것 같아요. 그럼 안녕히 가세요."

쿠포는 그녀를 뒤쫓아가 구트도르 거리로 돌아서 가자고 말했다. 결국 그녀는 쿠포의 제의를 받아들였다. 쿠포는 자기 가족 이야기를 했다. 어머니는 조끼 만드는 일을 하다가 지금은 눈이 어두워져서 잡역부 일을 한다고 했다. 자기는 막내이고 큰누나 르라는 서른여섯 살 된 과부로 조화를 만드는 일을, 서른 살 된 작은 누나는 로리웨라는 고리 만드는 직공과 결혼을 했는데 매형은 성격이 고약하다고 말했다. 지금 가는 곳은 구트도르 거리에 있는 작은누나네 집으로, 저녁 식사를 먹기로 되어 있는데 오늘은 친구 집에서 약속이 있으니 기다리지 말라고 전하러 가는 길이라고 했다. 세 사람이 함께 먹는 것이 경제적이라 누이와 매형과 함께 식사를 한다고 말했다.

"쿠포 씨, 별명이 '카시스 도령'인가요?"

"아, 예. 제가 술집에 가면 카시스만 마셔서 친구들이 붙여 준 별명이지요."

그녀는 쿠포가 하는 일에 대해서도 물어 보았다. 그는 여전히 새로 짓고 있는 병원에서 일하고 있었다. 어느 새 두 사람은 구트도르 거리에 들어서 있었다.

"바로 이 집이에요."

그녀는 건물의 정문을 자세히 바라보았다.

"들어갑시다."

제르베즈는 길에서 기다리고 싶었지만 어쩔 수 없이 관리실까지 같이 들어갔다. 안에서 보니 건물은 7층까지 있었다. 네모 반듯한 마당도 있었는데, 안뜰은 물구덩이와 대패밥, 석탄재가 쌓여 있어 더러웠고, 잡초가 자라 있었다. 그녀는 아파트가 흉하다고 생각하지는 않았다. 창문은 비록 누더기 같은 빨래들이 널려 있었지만 밝은 웃음이 흐르고, 화분에는 꽃이 피고 새장에서 새의 지저귐이 들렸다. 창문마다 가난함이 엿보였지만 그 곳에서 아이들의 웃는 얼굴이 보였다. 부인네들은 평온한 모습으로 바느질을 하고 있었다. 하수구 냄새가 나긴 했지만 봉궤르 호텔보다는 훨씬 낫다고 생각했다. 그녀는 벌써 자기의 창문을 골랐다. 왼쪽 구석의 창문으로 에스파냐 콩을 심은 화분이 있었다.

잠시 후에 쿠포가 나왔다.

"많이 기다렸지요?"

쿠포의 말소리가 들렸다.

"오늘은 여기서 밥을 못 먹는다고 하니 야단이 났어요. 쇠고기까지 사다 놓았다면서 말예요……. 아파트를 본 소감이 어때요? 살 만해 보이나요?"

"글쎄요. 괜찮아 보여요."

쿠포는 둘이서 침대를 하나 사서 방을 얻자고 했다. 하지만 그녀는 두 번 다시 그런 말을 하지 말라고 부탁했다.

제르베즈와 함석장이 쿠포와의 관계는 한 달 동안 계속되었다. 쿠포는 제르베즈가 열심히 일하고 아이들을 돌보며 밤에 바느질 일을 하는 것을 보고 참 부지런한 여자라고 말했다. 쿠포는 제르베즈에게 인생을 너무 심각하게 생각하지 말라며, '당신은 참 단정한 여자예요.' 라고 말했다.

"고생을 해서 조금 나아진 거예요. 저는 당신 생각대로 의지가 강한 여자가 아니에요. 사실 아주 약해요. 누군가의 마음을 상하지 않게 하려고 일부러 그 사람들이 하자는 대로 따라왔어요."

그러나 쿠포는 그녀의 우울한 생각을 웃어 넘기며 용기를 주면서 그녀의 허리를 껴안으려고 했다. 그러자 그녀는 그를 떠밀었다. 쿠포는 웃으면서 그녀가 빈틈이 없는 사람이라고 여겼다.

쿠포는 성질 나쁜 사람이 아니었다. 재치도 있고 멋을 낼 줄도 알았다. 소탈하고 젊은 얼굴에 파리 남자의 애교까지 있었다.

결국 두 사람은 봉궤르 호텔에서 서로 많은 일을 도왔다. 쿠포는 우유를 찾아 주기도 하고 심부름도 해 주고 빨래 보따리를 들어다 주기도 했다. 어느 때는 그녀의 아이들을 데리고 산책을 하기도 했다.

제르베즈는 그것이 고마워 그가 사는 3층에 올라가 작업복 바지의 단추를 달아 주거나 옷을 꿰매 주기도 했다. 그 두 사람은 정이 깊어졌다.

쿠포가 곁에 있으면 제르베즈는 지루하지 않았다. 쿠포는 언제나 그녀 뒤를 따라다녔다. 그녀를 만나기만 하면 '도대체 언제요?' 하고 물었다. 제르베즈는 그 뜻을 알고 있었다. 그녀는 거칠게 굴지 않으면 관대하게 그의 농담을 받아 주었다.

6월 말경이 되자 쿠포는 명랑함을 잃었고, 기운도 없어졌다. 제르베즈는 불안해서 밤이 되면 문단속을 했다. 어느 화요일 밤 열한 시경 쿠포가 제르베즈 방문을 두드렸다. 그녀는 열어 주고 싶지 않았지만 그의 목소리가 너무 애처로워 열어 주었다. 문을 열고 들어오는 쿠포의 모습을 보고 제르베즈는 쿠포가 아픈 줄 알았다.

"아픈 게 아니오. 내 방에서 계속 울고 있었다오……. 이제 승낙을 해 줘요. 우리 결혼합시다. 난 결혼하고 싶소."

"쿠포 씨, 왜 이러시는 거예요. 결혼은 저한테 어울리지 않아요. 무슨 일이 있어도 결혼은 하지 않을 거예요."

"생각하고 또 생각한 겁니다. 이 곳에 온 것은 당신과 즐거운 밤을 보내기 위해서요. 승낙한다는 말 한 마디만 해 주면 더 이상 당신을 괴롭히지 않겠소."

"이렇게 억지를 쓰면 어떻게 해요? 당신은 나를 잘 몰라요. 남자들이란 하룻밤 때문에 결혼하는 일이 있지요. 하지만 결혼하면 그뿐이에요. 금방 서로 진저리를 낸다고요. 그냥 거기 앉으세요. 그리고 차분하게 이야기해요."

두 사람은 밤 한 시까지 촛불을 켜 놓고 두 아이가 깨지 않도록 조용하게 결혼에 대한 이야기를 나누었다.

"두 아이를 데리고 당신과 결혼할 수는 없어요. 우리가 결혼을 하면 이웃들이 뭐라고 하겠어요? 남편이 떠난 지 두 달도 안 되어 벌써 결혼하다니, 별로 좋은 모습이 아니에요."

"이웃 사람들의 눈은 문제가 아니오. 당신에게 랑티에라는 남자가 있었다고 한들 뭐가 나쁘단 말이오. 당신이 방탕한 것도 아닌데……. 아이들은 내가 키울 것이오. 나는 당신이 필요하오. 당신이 필요하단 말이오!"

쿠포는 주먹으로 무릎을 때리며 말했다.

제르베즈의 마음이 조금씩 움직이기 시작했다.

"승낙하는 거죠?"

"꼭 그것을 말로 해야 하나요? 좋아요."

그 후 며칠 동안 쿠포는 제르베즈에게 작은누나네 집에 가자고 했다. 하지만 제르베즈는 겁이 났다. 쿠포의 집안에서는 작은누나가 돈을 많이 버는 실력자였기 때문에 작은누나가 인정을 해 주어야 결혼을 할 수 있었다. 결국 그녀는 토요일 밤에 함께 인사를 드리러 가는 것을 승낙했다.

쿠포가 아침에 부르러 왔다.

"누나가 당신을 기다리고 있어요. 이젠 누나와 매형도 우리가 결혼한다는 것을 이상하게 생각하지 않아요. 참, 금줄을 만드는 것을 본 적이 있나요? 그걸 구경하는 것도 재미있을 거예요. "

"그 집에 금이 있나요?"

"그럼요. 벽이고 마루고 어디에나 금이 있죠."

잠시 후에 두 사람은 작은누나가 사는 아파트에 도착했다. 누나는 7층에 살고 있었다. 두 사람은 계단을 함께 올라갔다. 1층에서 4층까지 접시와 냄비가 달그락거리는 소리가 났다. 5층에 올라갔을 때는 사람들이 싸움을 하고 있었다. 6층에 도착했을 때, 제르베즈는 숨을 몰아 쉬어야 했다. 계단을 오르는 것에 습관이 되지 않았던 것이다. 더구나 나선형 계단을 올라가느라 머리가 빙글빙글 돌 지경이었다.

드디어 7층에 도착했다.

"저 왔어요."

쿠포가 외쳤지만 안에서는 아무런 대답이 없었다. 잠시 기다리다가 그래도 인기척이 없자 쿠포가 문을 열었다. 강렬한 불빛, 작업대 위에서 환하게 빛나고 있는 램프, 화덕 속에서 타고 있는 새빨간 석탄, 그런 것들이 한층 제르베즈를 당황하게 했다. 붉은 머리에 자그마한 키의 작은 누나가 보였다. 작업대 앞에는 그녀의 남편인 로리웨도 있었다. 키는 부인과 비슷했지만 더 왜소해 보였다.

"어서 와요. 보시다시피 우리는 바빠서……. 작업장에 들어오지 말고 저기 방으로 가 있어요."

로리웨 씨가 말했다. 이어서 작은누나가 말했다.

"의자에 앉으세요. 이 분이구나. 좋아요, 아주 좋은데!"

쿠포는 의자를 앞으로 내놓고 제르베즈를 커튼 옆에 앉게 했다. 좁은 작업장, 고철같은 연장들, 고물상을 연상케 하는 잡동사니에 제르베즈는 놀랐다.

"그런데 금은?"

하고 제르베즈가 물었다.

쿠포는 웃으면서

"금? 봐요. 저기도 있고 여기도 있고. 당신 발 밑에도 있잖아요."

라고 말했다. 제르베즈는 쿠포가 하는 말을 이해하지 못했다.

어느 정도 일을 마쳤는지 쿠포의 매형이 말했다.

"이봐, 카시스 도령, 오늘 아침에 생각해 봤는데 난 열두 살 때부터 이 짓을 했더라고. 오늘까지 만든 고리의 길이가 얼마나 될까? 놀라지 말아. 무려 8천 미터라고."

제르베즈는 모든 것이 시큰둥했다. 그녀를 초조하게 한 것은 결혼에 대해 아무도 이야기를 꺼내지 않는다는 사실이었다. 아무리 기다려도 작은누나 내외가 결혼에 대한 이야기를 하지 않자, 제르베즈는 쿠포의 옷자락을 잡아 당겼다. 그러자 쿠포가 말했다.

"그럼, 일들 하세요. 저희는 가겠습니다."

쿠포는 일어서서 잠시 기다렸다. 무슨 말이라도 해 주지 않나 싶어서였다. 그러다 결국 쿠포가 또 말을 꺼냈다.

"매형, 우린 당신을 믿어요. 내 처의 보증인이 되어 주세요."

로리웨는 고개를 들고는 차갑게 웃었다.

"자네 지금 농담을 하는 건가? 도대체 알 수가 없군. 이 여자가 자네와 결혼할 여자로군. 결혼이야 두 사람 문제 아닌가. 하지만 여간해서는 순조로운 결혼 생활을 유지하기가 힘들지……."

이번에는 작은누나가 말했다.

"내 동생은 아주 자유분방해요. 동생이 아무리 신통치 않은 여자를 데리고 왔어도 이렇게 말했을 거예요. '결혼하렴. 그러나 나는 모른다.' 그런데 여보, 이 여자분 테레즈와 비슷하지 않아요? 왜, 폐가 나빠서 죽은 여자 말이에요."

"그래, 비슷하구먼."

"그런데 당신은 아이가 둘씩이나 있다죠. 솔직히 그건 기분 나빠요. 왜 내 동생이 아이가 둘씩이나 있는 여자와 결혼할 생각인지 모르겠어요. 하지만 어쩌겠어요, 당신이 좋다는데……."

이 두 사람은 제르베즈의 다리에 대해서는 말하지 않았다. 쿠포는 제르베즈가 괴로워하는 것을 보자 단정적으로 이렇게 말했다.

"결혼식은 7월 29일 토요일입니다. 괜찮죠?"

"그래, 우리는 아무 때라도 좋아. 넌 우리와 상의할 필요도 없었던 건 아니냐?"

제르베즈는 쿠포의 가족들의 대화에 끼어드는 것이 어색해 작업장의 바닥을 신발로 문질렀다. 바닥을 문지를 때마다 이상한 느낌이 들어 쪼그리고 앉아 손으로 구둣바닥을 만져 보았다. 그러자 로리웨가 재빨리 램프를 비춰 보았다. 그리고 수상한 눈으로 제르베즈의 손을 살폈다.

"조심하세요. 작은 금속조각들이 구두 밑에 있어서 자기도 모르는 사이에 금을 가지고 나갈지도 몰라요."

그것은 정말 큰일이었다. 주인은 1밀리그램의 손실도 용서하지 않았다.

"일주일에 두 번은 정성껏 비질을 해요. 그 먼지를 모아 두었다가 불에 태워 채로 지면 그 속에서 한 달에 5프랑에서 30프랑의 금을 얻을 수 있답니다."

그 말에 제르베즈는 쿠포가 여기저기에 금이 있다는 말이 무슨 뜻인지 이해했다.

쿠포의 작은누나는 제르베즈의 신발에서 눈을 떼지 않았다. 그러더니 친절하게 웃으며 말했다.

"죄송하지만 신발 바닥을 보여 주셨으면 합니다."

제르베즈는 얼굴이 빨개졌다. 신발 바닥에는 아무것도 붙어 있지 않았다. 화가 난 쿠포는 뻣뻣하게 인사를 하고는 제르베즈를 데리고 나왔다. 제르베즈는 7층의 층계참에 나오자 눈물이 나오려고 했다. 제르베즈는 울음을 참고 쿠포에게 물었다.

"이래가지고 우리가 행복할 수 있을까요?"

쿠포가 미안해하며 말했다.

"오늘 밤 일은 언젠가 꼭 앙갚음을 해 줄 거예요. 우리가 금가루를 훔쳐 간다고 생각하다니! 누나는 내가 결혼을 안 할 줄 알았던 모양이지. 상관없어! 우린 7월 29일에 결혼합시다. 저런 사람들한테 신경 쓸 필요는 없다고요!"

하지만 제르베즈는 계단을 내려오면서 여전히 알 수 없는 두려움에 사로잡혀서 마음이 무거웠다.

3

제르베즈는 결혼식을 올리고 싶지 않았다. 공연히 돈만 낭비한다고 생각되었다. 게다가 이웃에게 알리는 것도 부끄러웠다. 하지만 쿠포는 달랐다. 함께 모여 식사 정도는 해야 한다고 생각했다. 식을 올리고 그저 잠깐 산책을 하고 나서 가까운 식당에 가서 함께 밥을 먹으면 된다고 했다. 그저 간단하게 건배라도 하자고 했다.

결국 두 사람은 샤페르 거리에 있는 오귀스트네 가게 '은마차'에서 1인당 100수짜리 연회를 하기로 했다. 그 곳은 값도 싸고 가게 안마당에 있는 세 그루의 아카시아 나무 밑에서 춤을 출 수도 있다.

그런데 쿠포는 돈이 없었다. 그래서 사장에게 50프랑을 빌려 그것으로 우선 결혼 반지를 사고 양복을 사고 미사 헌금으로 6프랑을 남겼다. 헌금을 할 것을 생각하니 가슴이 쓰렸다. 그는 신부를 싫어했다. 그런 자들에게 돈을 내야 한다는 게 싫었지만 미사가 없는 결혼은 아무래도 이상했다. 제르베즈도 절약하려고 고심했다. 결혼이 결정되자 제르베즈는 저녁에 일을 더 해서 30프랑을 마련했다.

마침내 금요일, 결혼식 전날 밤이 되었다. 제르베즈와 쿠포는 밤에 만나 어려운 고비를 넘긴 기쁨에 젖었다. 그리고 이웃 사람들이 자기들을 어떻게 보는지에 대해 신경 쓰지 말자고 했다.

토요일, 드디어 결혼식 날이 되었다. 시청에서의 결혼식은 10시 반부터였다. 태양이 이글이글 거리를 달구었다. 결혼식의 증인으로 네 사람이 따라 나섰다. 30분 일찍 시청에 도착해 시장을 기다렸다. 결혼식은 형식적인 수속, 민법 낭독, 질문, 서류 서명 등으로 너무 간략히 끝나서 일행은 멍하니 서로의 얼굴만 쳐다보았다.

제르베즈는 마음이 들뜨고 가슴이 뿌듯해 입술에 손수건을 댔다. 쿠포의 어머니는 아들이 자식 딸린 여자와 결혼하는 것이 마음에 걸려 눈물을 흘렸다. 제르베즈는 서류에 삐뚤빼뚤한 글씨로 서명을 했다. 하지만 쿠포는 글자를 몰라 십자가 하나를 그려 넣었다. 그리고 그들은 가난한 사람들을 위해 4수씩 기부했다.

시청에서 교회까지는 멀었다. 햇볕은 쨍쨍 내리쬐고 구름 한 점 없었다. 텅 빈 교회에서 교회지기가 그들을 기다리고 있었다. 교회지기는 예식 시간에 지각하는 것은 교회를 모독하는 짓이라고 투덜거렸다.

곧 사제가 무뚝뚝한 모습으로 걸어왔고 결혼식이 시작되었다. 사제는 라틴 어 문구를 입 속으로 중얼거리더니 서둘러 미사를 끝냈다. 신랑 신부는 제단 앞에 섰지만 언제 무릎을 꿇고 일어서고 앉아야 하는지 몰라 당황했다. 그러는 동안 정오 미사를 알리는 종소리가 울렸다.

교회 안은 교회지기들의 발소리와 의자를 정돈하는 소음으로 가득했다. 일행은 급하게 끌려다니느라고 정신이 없고 숨이 차서 한동안 얼떨떨하게 서 있었다.

"정말 빠르군. 마치 치과 의사한테 간 것 같아. 아프다고 말할 틈도 없이 결혼을 시켜 버리는군."

"그러게 말야. 하지만 훌륭했어. 5분 동안 해치워 버린 것이 일생을 지탱할 수 있겠나, 카시스 도령?"

남자들이 이렇게 말하고 있는 사이 제르베즈는 쿠포의 어머니를 위로 했다.

"너무 걱정 마세요. 제가 열심히 일할게요. 정말 자신 있어요. 전 행복해지고 싶어요. 이제 이렇게 되었으니 저이나 저나 사이좋게 살게요."

일행은 곧장 피로연 장소인 '은마차'로 갔다. 쿠포는 신부의 팔을 잡

았다.

열한 시가 되자 사람들이 하나둘씩 도착했다. 뚱뚱하지만 아직 아름다운 포코니에 부인이 맨처음 도착했다. 노처녀 르망주 양이 검은 옷을 입고 고드롱 부부와 같이 왔다. 고드롱 부인은 큰 몸집에 임신을 했는데 화려한 보라색 스커트 위로 뚱뚱한 배가 드러났다.

"야단났군. 소나기가 올 것 같아요. 한바탕 퍼부을 것 같아."

하며 르라 부인이 들어왔다. 쿠포의 큰누나 르라 부인은 헐렁한 드레스를 아무렇게나 입고 있었다.

"한바탕 퍼부을 것 같군요. 요 사흘 동안 무척 더웠으니까."

쿠포가 문앞에 서서 걱정스런 얼굴로 하늘을 쳐다보며 말했다.

"이제 작은누나만 남았는데……. 도착하면 곧 출발하죠."

그 때 천둥 소리가 들리더니 소나기가 퍼부었다. 그 때 로리웨 부인이 도착했다.

"이럴 수가 있담. 막 나오려는데 비가 오잖아. 다시 집에 들어가려고 했는데……. 차라리 그럴걸. 꼴 좋은 결혼식이군! 젠장! 펑펑 쏟아져라."

쿠포가 작은누나의 마음을 달래려고 애썼지만 매정하게 쏘아붙일 뿐이었다. 작은누나는 신부의 얼굴을 쳐다보지도 않았다.

그러는 동안 소나기가 그쳤다. 사람들은 이제 결정을 해야 했다. 식사 때까지 이렇게 서로 쳐다보고 있을 수만은 없었다. 트럼프 놀이를 하자, 파이를 만들어 먹자, 고해 신부 놀이를 하자는 등의 의견이 나왔지만 썩 마음에 들지 않았다. 로리웨가 큰 거리로 나가 엘르이즈와 아벨라르 묘를 참배하자고 말했다. 그러자 이 말을 들은 작은누나가 투덜거렸다.

"난 갈래! 외출복을 입고 비를 맞고 이게 뭐야. 결국엔 술집에 갇혀 있다가 겨우 묘나 참배하자고? 뭐 이런 결혼식이 다 있어? 집에 있는 편이 훨씬 낫겠어. 비켜요, 난 갈래요.”

다행히 남편이 그녀를 달랬다. 마디니에 씨가 잠시 고민을 하더니,

“미술관에라도 갈까…….”

하고 말했다.

“거기엔 골동품, 판화, 유화 등이 있지. 공부도 하고 좋지 않을까요? 한 번쯤은 봐 둬야 할 작품이 많은데…….”

그 말에 사람들은 서로의 눈치를 살폈다. 그 때 마디니에 씨의 위엄 있는 모습에 감명을 받은 로리웨 부인이 좋은 제안이라고 말했다. 일부러 외출복을 입고 나왔으니 공부가 되는 견학도 좋을 것 같았다. 그래서 일행은 손님들이 두고 간 헌 우산을 빌려 미술관으로 향했다. 쿠포의 어머니는 다리가 아파 술집에 남았다.

미술관으로 떠나는 사람은 모두 열두 명이었다. 길을 나서니 그럴듯한 행렬이 되었다.

“내 동생이 어디서 저런 여자를 데리고 왔는지 모르겠어요. 결혼식에 친척이 한 명도 안 오는 신부라니! 파리에서 반찬 가게를 하는 언니가 있다고 했는데 왜 안 왔는지 몰라.”

로리웨 부인은 마디니에 씨에게 말을 하며 제르베즈를 가리켰다. 길이 경사가 져서 제르베즈는 몹시 다리를 절고 있었다.

“저걸 봐요. 저럴 수가! 절름발이 여자였어요.”

그러자 포코니에 부인이 제르베즈는 몸가짐도 좋으며 일도 잘한다고 옹호해 주었다.

일행은 큰길을 가로질러 갔다. 그들은 진창이 된 길을 줄을 서서 걸어갔다. 그 때 두 명의 건달이 그 모습을 보고 무슨 가장 행렬 같다고 낄낄댔다.

제르베즈의 진한 청색 드레스, 포코니에 부인의 꽃무늬 드레스, 보슈

의 카나리아색 바지, 어색해 보이는 외출복 차림의 쿠포의 번쩍거리는 코트, 마디니에 씨의 뒤꼬리가 늘어진 연미복, 로리웨 부인의 대담한 옷차림과 르라 부인의 술 장식이 달린 옷, 르망주 양의 구겨진 치마 등은 여러 가지 유행이 섞여 있는 고물 전시장 같았다. 거기다 특히 재미있는 것이 남자들의 모자였다. 어느 것 하나 제대로 된 것이 없었다.

이 우스꽝스런 모습을 보려고 사람들이 몰려들었다.

일행은 가까스로 루브르 박물관에 도착했다. 마디니에 씨가 정중하게 앞장서겠다고 말했다.

"박물관은 너무 커서 길을 잃을지 몰라요. 게다가 저는 좋은 장소를 알고 있어요. 저를 따라오세요."

사람들은 휘둥그레진 눈으로 진열실을 지나쳤다. 그림을 쳐다보았지만 워낙 수가 많아서 자세히 볼 수가 없었다. 박물관 안내는 계속해서 마디니에 씨가 했다. 로리웨 부인이 궁금한 것을 질문할 때마다 마디니에 씨는 점잔을 빼면서 대답해 주었다.

이어서 이탈리아 파와 플랑드르 파의 그림이 있는 화랑으로 들어갔다. 마디니에 씨는 말없이 일행을 안내했다. 모두들 고개를 옆으로 꼬고 질서정연하게 따라갔다. 그들은 처음 보는 그림과 전시물에 입을 벌린 채 눈길은 허공에 아무렇게나 던져졌다. 누가 봐도 촌스럽기 그지없는 모습이었다.

그런데 결혼식 일행이 루브르를 구경하러 왔다는 소식을 듣고 사람들이 낄낄대며 따라왔다.

한편 수위들은 이들에게 야유하고 싶은 것을 꾹 참았다. 하지만 일행은 지칠 대로 지쳐 조심성도 잊고 징을 박은 구두를 질질 끌면서 발뒤꿈치로 마룻바닥을 차기도 하며 걸어갔다. 정숙하고 청결한 방을 통탕통탕 발소리를 내며 걸었다.

일행은 계속 구경을 하다가 그만 길을 잃고 말았다. 지나쳤던 아폴로 화랑을 다시 한 번 지나갔다. 여자들은 다리가 아프다고 투덜댔다. 일행은 닥치는 대로 이 방 저 방 헤매고 다녔다. 여전히 둘씩 한 쌍이 되어 줄을 서서.

마디니에 씨가 맨 앞에 서 있었는데 그는 계속 땀을 닦아 가며 출입구의 위치가 바뀌었다고 화를 냈다. 수위와 구경꾼들은 그들이 지나가는 것을 바라보았다. 채 20분도 안 되어 네모진 진열실과 동양의 신들을 조각한 진열장으로 이들이 다시 온 것이다. 이들은 도저히 밖으로 나갈 수 없을 것 같았다.

"문 닫습니다. 문 닫습니다."

수위들이 큰 소리로 외쳤다.

수위 한 사람이 그들을 인솔하여 문까지 데려다 주지 않았다면 아마 일행은 박물관에 갇혀 있을 뻔했다.

4시가 울렸다. 아직 저녁 만찬까지는 2시간이 남았다. 그래서 주변을 돌기로 하고 강가로 갔다. 다시 소나기가 세차게 쏟아졌다. 일행은 다리 밑으로 가서 비를 피했다. 그 곳은 비를 피하기에 안성맞춤이었다. 마치 시골에라도 온 기분이었다. 소나기가 멈췄을 때 센 강은 기름에 찌든 식탁보, 낡은 병마개, 야채 찌꺼기 등의 쓰레기를 산더미처럼 실어 나르고 있었다. 냄새도 고약했다.

마디니에 씨가 출발 신호를 했다. 그들이 방돔므 광장에 있는 원주형 기념탑을 바라보고 있을 때 마디니에 씨는 여자들에게 멋진 것을 보여 줘야겠다고 생각했다. 그래서 탑에 올라가 파리 시를 구경하자고 했다.

"설마 저 절름발이가 그 다리로 저 곳까지 갈 생각은 아니겠지요?"

로리웨 부인이 작은 소리로 마디니에 씨에게 소곤거렸다.

모두 낡고 좁은 나선형의 계단에 기대어 열두 사람이 벽 쪽으로 붙어

한 줄로 기어 올라갔다. 높은 곳에 올라가자 부인들은 피가 거꾸로 흐르는 것 같았다. 한 발만 미끄러지면 마지막이라고 생각하니 소름이 쫙 끼쳤다. 남자들도 겁에 질린 듯한 얼굴이었다. 사지가 얼어붙는 것 같았다.

마디니에 씨는 눈을 들어 멀리 저편을 보라고 했다. 그러면 현기증이 가신다고 했다. 그는 앵발리드 기념관, 팡테옹 사원, 노트르담 사원, 생자크 종탑, 몽마르트르 언덕을 차례차례 가리켰다. 그러자 로리웨 부인은 샤폐르 거리 근처에 있는 피로연 장소인 '은마차'가 보이느냐고 물었다. 그것 때문에 사람들은 은마차가 여기니 저기니 하며 말다툼을 했다. 그러다가 일행은 말 없이 통탕통탕 발소리를 내며 계단을 내려왔다. 5시 반이 되었다. 이제 돌아가기에 꼭 알맞은 시간이었다. 식사는 여섯 시부터였다. 은마차에서는 보슈 부인이 쿠포의 어머니와 이야기를 하고 있었다. 클로드와 에티엔은 의자 사이와 식탁 밑을 빠져 다니면서 놀고 있었다.

제르베즈는 방에 들어와 오늘 하루 종일 돌보지 못한 아이들을 보고는 두 아이를 무릎 위에 앉히고 키스를 몇 번이고 해 주었다. 제르베즈는 오전에는 상냥하고 침착했다. 하지만 산책을 시작할 때부터 가끔 서글픈 기분이 들었다.

작은누나 앞에서 쿠포는 기를 펴지 못했다. 어젯밤만 해도 그 입이 험한 부부가 이상하게 굴면 가만 있지 않겠다고 말했었다. 그런데 쿠포는 작은누나의 눈치를 보며 일일이 명령을 기다렸다.

파티가 시작되었다. 별명이 장화인 쿠포의 친구가 맨 마지막으로 나타났다. 그는 대단한 먹보였다. 음식이 차례 차례 나오기 시작했다. 다들 접시에 코를 박고 먹느라 말이 없었다. 장화는 국수가 든 수프를 연달아 세 그릇이나 비웠다. 그리고 고기 파이를 먹으려고 하자 사람들이 모두 놀랐다.

"지독하게 먹어 대는군."

"저 녀석은 좀 별난 놈이야. 언젠가는 낮 열두 시 종소리가 열두 번 울리는 동안 삶은 달걀 열두 개와 포도주 열두 잔을 해치웠어!"

어느덧 배가 부르기 시작하자 일행은 음식을 먹으며 자기 직업을 이야기했다. 마디니에 씨는 종이 상자 제작을 말하면서 이 방면에는 괜찮은 예술가들이 많다고 했다. 그는 선물용 상자에 대해 이야기하면서 자기는 호화로운 작품을 많이 안다고 자랑했다. 그러나 로리웨는 비웃었다. 그는 금 세공 일이 자랑스러운 듯 자기 손가락이나 온몸에 금빛이 난다고 생각했다. 쿠포는 친구 중 한 명이 만든 걸작품 풍향계를 설명했다. 정말 근사하다고 했다. 르라 부인은 손가락 사이로 칼자루를 돌리면서 조화 장미꽃 가지를 만드는 법을 가르쳐 주었다. 르망주 양은 인형을 만드는 법을 설명했다.

창 밖으로 아카시아 나무의 높은 가지 사이로 해가 기울고 있는 것이 보였다. 무더운 날씨로 남자들은 코트를 벗고 셔츠 차림으로 식사를 했다. 이야기는 어느 새 정치 이야기로 흘렀다. 정치 이야기가 나오니 식당은 더욱 시끄러워졌다. 토론은 험악하게 흘렀다. 자기가 지지하는 정당을 두둔하고 변호하느라 정신이 없었다.

드디어 디저트가 나왔다. 종업원이 그릇을 달그락거리며 식탁 위를 치웠다. 그 때 로리웨 부인이 귀부인처럼 예의바르게 앉아 있다가 무의식중에 '개새끼!' 하고 소리쳤다. 종업원이 접시를 집을 때 로리웨 부인 목덜미에 뭔가를 엎질렀던 것이다.

그녀는 비단 드레스에 얼룩이 졌을 거라고 했다. 마디니에 씨가 등을 살펴보고는 아무 이상이 없다고 했다. 식탁 한가운데로 치즈와 과일과 달걀 요리가 나왔다. 그것을 보고 모두들 깜짝 놀랐다. 이런 것까지 나오리라고는 생각지 못했던 것이다. 장화는 여전히 게걸스럽게 먹어 댔다. 빵을 또 주문하고 치즈를 두 개나 먹었다. 크림이 남아 있어서 샐러드 그릇을 끌어당겨 수프에 넣는 것처럼 빵을 큼직하게 뜯어 넣었다. 사람들은 놀란 얼굴로 장화를 쳐다보았다.

조금 전 아래층으로 내려갔던 보슈가 올라와서 술집 주인이 당황해하는 모습을 이야기했다. 주인은 창백한 얼굴을 하고 있고 부인은 빵 가게가 아직 문이 열려 있나 알아 보려고 사람을 보냈다고 말했다. 가게의 고양이까지 자기네들이 너무 잘 먹어 대서 이 가게는 망했다는 표정을 짓고 있다고 했다. 그러면서 장화가 없었다면 이런 일은 없었을 거라며 껄껄 웃었다. 그 때 장화가 소리쳤다.

"독한 브랜디 두 병과 레몬, 설탕을 조금 가져와 화주를 만들게!"

그러나 쿠포는 제르베즈가 불안해하는 모습을 보고 더 이상 마시지 말자고 사람들에게 말했다.

"지금까지 스물다섯 병 비웠습니다. 친한 사람들끼리 축하를 하자는 것이니 그저 사이좋게 마십시다. 부인들에게 실례를 하지 않으려면 오늘은 여기서 마칩시다. 술은 축하하기 위해서 마시는 것이지 취하기 위해 마시는 것이 아닙니다."

쿠포의 이 연설은 로리웨와 마디니에 씨의 지원을 얻었다. 그러나 다른 남자들은 혀꼬부라진 소리로 술을 더 주문했다.

"마시고 싶은 놈은 더 마시는 거지!"

"좋아, 그럼 그렇게 하게. 하지만 식사 계산은 이걸로 끝낼 걸세."

쿠포의 이 말이 끝나자 사람들이 주머니에서 돈을 꺼냈다. 모두 15명이 5프랑씩 내서 75프랑이었다. 그러나 주인과 계산을 하려고 할 때 주인은 웃으며 이것으로는 도저히 계산이 맞지 않는다고 했다. 추가로 더 시켰다는 것이다. 일행이 추가라는 말에 화를 내며 소리를 지르자 주인은 자세히 설명을 했다.

"미리 주문한 포도주는 20병이었습니다. 그런데 실제로 25병을 주문하셨습니다. 디저트가 너무 빈약해서 추가한 계란 요리 그리고 럼주가 한 병 있습니다."

하지만 일행은 지지 않았다. 술이 20병이라고 말한 적이 없다고 했다. 주인이 자기 마음대로 추가한 것이라고 했다. 럼주는 겉치레로 바가지를 씌우려고 일부러 내놓았다고 했다.

"이런 너절한 집에 두 번 다시 오나 봐라!"

"6프랑을 더 내시오. 6프랑을 더 내도 저 분이 잡수신 빵 세 개 값은 계산하지도 않은 겁니다."

주인이 장화를 가리키며 말했다.

"정말로 꼴 좋군. 이런 결혼식이 어딨어!"

르망주 양이 이렇게 말했다. 포코니에 부인은 매우 뒷맛이 쓴 식사였다고 생각했다.

"집에서라면 40수로도 얼마든지 맛있는 음식을 먹을 수 있었을 텐데……"

결국 마디니에 씨가 주인과 함께 내려갔다. 옥신각신하는 소리가 들리고 30분 정도 지나 3프랑을 더 주고 해결을 봤다.

"아이, 참! 재수가 없는 날이야. 집에서 낮잠이나 자는 게 났지! 난 가겠어요. 이런 웃기는 결혼식에 질렸어요."

쿠포의 작은누나였다. 그의 남편 로리웨가 뒤따라 나갔다.

쿠포는 작은누나가 화를 내자 어쩔 줄 몰라했다. 제르베즈는 돌아가자고 했다. 모두들 서둘러 작별 인사를 했다. 마디니에 씨는 쿠포 어머니를 바래다 주기로 했고 보슈 부인은 제르베즈의 아이들을 자기 집에 데리고 가서 재우기로 했다. 아직 열한 시가 조금 덜 된 시각이었다. 샤페르 거리와 구트도르 거리에서 술주정꾼들이 소란을 피우고 있었다. 로리웨 부인은 로리웨의 팔을 잡더니 뒤도 돌아보지 않고 걸어갔다. 제르베즈와 쿠포는 숨을 헐떡이며 뒤쫓아갔다. 로리웨는 쿠포와 자기 아내를 화해시키고자 애썼다.

그러나 부인은 앙칼진 목소리로 봉궤르 호텔 방의 그 형편없는 방에서 첫날밤을 보내다니 어리석은 짓이라고 했다. 얼마 동안 저금도 하고 가구도 사서 어느 정도 준비를 하고 결혼을 하지 이게 뭐냐고 했다. 바람도 통하지 않는 10프랑짜리 다락방에서 살다니 참 재미있겠다며 빈정거렸다.

"내 방은 내놓았어요. 이제 제르베즈의 방을 쓸 거예요. 그게 더 크거든요."

쿠포가 머뭇거리며 말했다.

"흥! 그래, 절름발이 방으로 자러 가든지 말든지!"

제르베즈의 얼굴에 핏기가 가셨다. 난생 처음 직접 듣는 험담이었다. 그것은 모욕이었다. 그리고 절름발이 방은 랑티에와 함께 한 달 동안 지낸 아직도 과거의 찌꺼기가 남아 있는 방이었다. 쿠포는 그 말의 뜻도 모르고 다만 누나한테 화를 냈다. 그리고 제르베즈를 위로하려고 팔을 잡아 주었다.

봉궤르 호텔에 도착하자 그들은 시무룩한 표정으로 작별 인사를 했다. 쿠포는 작은누나와 아내에게 사이좋게 작별의 키스를 하라고 재촉했다. 그 때 주정꾼이 두 여자 사이로 뛰어들었다.

"아니, 바주즈 영감! 오늘 월급을 받았군."

로리웨가 말했다. 제르베즈는 주정꾼이 무서워 호텔 입구에 몸을 바싹 붙였다. 바주즈 영감은 쉰 살쯤 된 장의사 인부로 진흙이 묻은 검은 바지에 어깨에는 쇠고리가 달린 검은 망토를 입고 있었다.

"겁내지 말아요. 나쁜 사람은 아니니까."

하고 로리웨가 말했다.

"이웃이라오. 우리 방에 오기 전 복도에서 세 번째 방에 살죠."

하지만 바주즈 영감은 제르베즈가 자기를 보고 무서워하는 모습을 보며 화를 냈다.

"아니, 왜 그러지? 내가 장의사라고 깔보는 건가? 아가씨……. 난 세상 사람들과 다르지 않아. 그래 한 잔 하긴 했지."

제르베즈는 구석으로 몸을 숨겼다. 울고 싶었다. 그럭저럭 지탱해 온 결혼식의 기쁨이 엉망이 되어 버렸다. 그녀는 시누이와 인사를 하는 것도 잊고 주정꾼을 쫓아 달라고 쿠포에게 부탁했다. 그러자 바주즈 영감이 비틀거리며 중얼거렸다.

"저승길은 아무리 해도 면할 수 없다오. 아가씨, 당신도 언제가 빨리 죽었으면 하는 생각을 할 때가 있을 거요. 내가 자기 시체를 운반해 줬으면 하는 여자들을 많이 알고 있지. 사람은 죽으면 그만이에요. 내 말을 잘 들어요. 사람은 죽으면 그뿐이라오."

4

지독하게 일을 하며 지낸 4년이었다. 제르베즈와 쿠포는 이 동네에서 가장 사이좋은 부부였다. 싸움도 하지 않고 조용히 살면서 일요일이 되면 함께 산책을 했다. 제르베즈는 포코니에 부인 가게에서 12시간 동안 일하면서 집을 깨끗이 치우고 집안 식구들을 잘 챙겼다. 쿠포는 술에 취하는 일도 없고 봉급을 받으면 그대로 집으로 가져왔다. 둘이서 하루에 9프랑 정도 벌었으므로 상당한 돈을 저축했을 거라고 사람들은 생각했다.

그러나 결혼 초에는 살림을 꾸려 나가느라 많은 고생을 했다. 결혼 때문에 200프랑의 빚이 있었기 때문이다. 두 사람은 가구가 있는 집에서 그 가구를 소중하게 다루면서 사는 꿈을 꾸었다. 그들은 거기에 필요한 돈을 몇 번이고 계산했다. 적어도 350프랑은 있어야 했다. 2년 내에 그런 돈을 저축하기에는 무리가 있다는 것을 알고 실망했을 때 그들에게 행운이 찾아왔다. 플라상의 한 노신사가 장남인 클로드를 중학교에 넣어 주겠다고 한 것이다. 그림을 좋아하는 그 노신사는 언젠가 클로드가 아무렇게나 그린 그림을 보고 감동을 받았었다.

그 후 쿠포 부부는 에티엔만을 돌보자 7개월 만에 350프랑을 모았다. 헌 가구점에서 가구를 사던 날, 그들은 너무 기뻤다. 그것은 그들 인생에 있어서 멋진 출발이었다. 이런 것들을 가질 수 있다는 것은 이웃 사이에서 그래도 좀 넉넉하게 사는 축에 들었다.

그들은 두 달 전부터 집을 물색했다. 구트도르 거리의 큰 아파트를 얻으려고 했다. 그러나 빈 집이 없어서 그 꿈을 버려야 했다. 하지만 제르베즈는 그것을 그리 섭섭하게 생각하지 않았다. 왜냐하면 시누이와 가까이 사는 것이 소름끼칠 정도로 싫었기 때문이다. 그래서 다른 곳을 찾아 보았다.

쿠포는 포코니에 부인의 가게에서 가까운 곳을 물색했다. 아내가 직장을 쉽게 다닐 수 있도록 하기 위해서였다. 마침내 한 곳을 찾았다. 구트도르 거리의 세탁소 바로 맞은편에 작은 방과 부엌이 딸린 집이 있었다. 한적한 곳이어서 제르베즈에게는 고향 플라상을 떠오르게 했다.

이사는 4월 말에 했다. 제르베즈는 그 때 임신 8개월이었다. 하지만 남편이 좀 쉬라고 해도 괜찮다고 열심히 일만 했다. 그녀는 방 청소를 하고 가구를 닦기도 했다. 그녀에게 있어 가구는 일종의 종교적인 감정을 갖게 했다. 마치 자식을 다루듯 조심스럽게 가구를 닦았고 아주 조

그만 흠집에도 가슴을 죄었다. 옷장은 특히 더욱 소중하게 여겼다. 아직 남은 그녀의 꿈은 괘종시계를 사는 일이었다. 그것만 있으면 옷장이 더욱 돋보일 것 같았다. 아이만 낳지 않는다면 눈 딱 감고 괘종시계를 샀을지도 모른다.

이 부부는 새 집에서 들뜬 마음으로 정신 없이 지냈다. 이웃 사람들이 찾아오면 제르베즈는 사람들에게 물어 보았다.

"여기 집세가 얼마나 될 것 같아요?"

사람들이 방값을 실제보다 비싸게 말하면 제르베즈는 얼마 안 되는 돈으로 근사한 생활을 하고 있는 것이 기뻐서 우쭐대곤 했다.

제르베즈가 해산을 한 것은 6월 마지막 날이었다. 오후 4시경 포코니에 부인 가게에서 다림질을 하고 있는데 진통이 왔다. 의자에 잠시 앉아 있자 복통이 가라앉았다. 그러자 다시 일을 했다. 하지만 고통이 너무 심해 더 이상 일을 할 수 없었다.

그녀는 동료 세탁부에게 집으로 산파를 불러달라고 부탁을 했다. 그녀는 집에 돌아와 남편의 저녁 준비를 하려고 했다. 아직까지는 일을 할 수 있다고 생각한 것이다. 집에 돌아와 양고기 스튜와 커틀릿을 만들 예정이었다. 감자 껍질을 벗기는 것까지는 할 수 있었다. 스튜가 누르스름하게 익기 시작했을 때 다시 진통이 시작되었다. 그녀는 눈물 때문에 앞이 보이지 않았지만 아궁이 앞에서 갈색 소스를 저었다. 아이를 낳는다고 남편을 굶길 수는 없었다. 드디어 스튜가 불 위에서 보글보글 끓었다.

그녀가 방으로 되돌아왔을 때 진통은 더욱 심해졌고, 그대로 마룻바닥 매트 위에 아이를 낳고 말았다. 15분쯤 지나 산파가 도착해 산후 처리를 해 주었다.

쿠포는 여전히 병원에서 일을 하고 있었다. 제르베즈는 남편의 일을 방해하지 말라고 했다. 7시에 남편이 돌아왔을 때 갓난아기는 엄마 곁에서 울고 있었다.

"한 시간 전 당신이 진통으로 고생하고 있을 때 난 사람들하고 농담이나 하고 있었으니……. 미안해, 미안해. 그래, 고생하지 않았어?"

그녀는 힘 없이 웃으며 작은 소리로 말했다.

"계집애예요."

"그래? 내가 바라던 대로 되었군."

쿠포는 아내를 안심시키려고 농담을 했다. 제르베즈는 아들을 낳고 싶었다. 사내라면 파리라는 도시에서 어떤 어려움도 헤쳐 나갈 수 있고 위험한 일을 당하지 않아도 될 것으로 여겼기 때문이다. 산파는 쿠포에게 산모에게 말을 너무 많이 시키지 말라고 주의를 주었다. 쿠포는 어머니와 누나에게 알려야겠다고 생각했다. 그러나 배가 너무 고팠다. 그가 손수 준비를 하러 부엌으로 가자 제르베즈는 몹시 조바심을 쳤다. 그녀는 산파가 아무리 말려도 남편의 밥을 차려 주려고 했다.

"남편은 맛 없는 밥을 먹는데 나는 이렇게 팔자 좋게 누워 있다니."

쿠포는 간단히 밥을 먹고 친척들에게 소식을 알리려고 나갔다. 그는 30분 후 시어머니와 로리웨 부부, 그리고 마침 로리웨 집에 와 있던 르라 부인을 데리고 왔다. 로리웨 부부는 쿠포 부부가 잘 사는 것을 보고 기특하게 여기고 제르베즈를 침이 마르도록 칭찬했다.

"여보, 모두 모시고 왔어……. 말은 하지 마. 얘기를 하면 안 된다고 하니까……. 난 커피를 대접할게."

쿠포는 부엌으로 갔다. 시어머니는 제르베즈에게 입을 맞추고 나서 갓난아기를 보고 눈을 동그랗게 떴다. 로리웨 부인은 아이가 누구를 닮았는지 모르겠다고 했다. 그 때문에 하마터면 싸움이 날 뻔했다. 로리웨는 여자들 뒤에서 몇 번이나 아기가 쿠포를 닮지 않았다고 말했다. 쿠포가 커피를 갖고 오지 않자 제르베즈는 '남자가 할 일이 아닌데…….' 하면서 걱정을 했다. 이윽고 쿠포가 커피를 끓여 오고 모두들 식탁에 둘러 앉았다. 커피를 마시고 산파는 돌아갔다.

"모든 게 순조로우니 내가 더 이상 있을 필요는 없어요. 밤에 혹시 산모가 좋지 않거든 연락하세요."

산파가 나가자 로리웨 부인은 그녀가 술꾼에다 아무 짝에도 쓸모가 없는 여자라고 헐뜯었다. 커피에 설탕을 네 개나 넣었고 산모가 혼자 분만을 했는데도 15프랑이나 받아갔다고 했다. 하지만 쿠포는 산파 편을 들었다.

"난 기쁜 마음으로 15프랑을 주었어요. 어쨌든 저런 사람들은 젊었을 때 공부하느라 애를 썼을 테니까 비싸게 받는 것은 당연하지요."

이윽고 그들은 아기의 세례 이야기를 꺼냈다. 쿠포는 딸에게 세례를 받게 할 필요를 느끼지 않았다.

"사제들과 가까이 지낼수록 손해를 보는 법이야."

시어머니는 그런 쿠포를 나무랐다. 결국 로리웨 부부가 대부 대모가 되어 주겠다고 약속을 하고 다음 일요일에 세례를 받기로 했다.

다음 날 아침 쿠포는 일하러 갔다. 그리고 점심 시간을 이용해 시청에 출생 신고를 하러 갔다. 이름은 '나나'라고 지었다. 쿠포가 일하러 간 사이 보슈 부인이 와서 산모를 돌봐 주었다.

"사람들이 나를 놀리겠지요? 아기를 낳았다고 누워 있는 건 귀부인들에게나 어울리는 일인데……."

해산 후 사흘이 지나자 제르베즈는 포코니에 부인의 가게에서 다시 일을 시작했다. 토요일에는 로리웨 부인이 대모로서 선물을 가지고 왔다. 35수짜리 아기 모자와 세례복이었다. 그리고 다음 날 로리웨는 산모에게 설탕 6파운드를 보냈다. 이 부부는 이렇게 해서 대모 대부로서의 의무를 다 지킨 셈이었다.

쿠포가 같은 층계참의 이웃과 친해진 것은 아기가 태어난 것을 축하하는 저녁 식사 후의 일이었다. 옆집에는 구제라고 하는 모자가 살고 있었다. 이 모자는 사람 사귀는 것을 좋아하지 않았다. 그런데 해산 다음날 그 부인이 물을 한 통 날라다 주었다. 제르베즈는 그들이 아주 착한 사람들이라고 생각해서 그들을 저녁 식사에 초대했고 이렇게 해서 자연스럽게 친해지게 되었다.

구제 모자는 노르 지방 출신이었다. 어머니는 레이스 수선을 하고 아들은 대장장이가 본직이었는데 볼트 공장에서 일하고 있었다. 이들은 겉으로 보기에는 평온해 보였지만 슬픔이 있는 사람들이었다. 구제의 아버지는 술에 취해서 친구를 쇠막대기로 때려 죽였고, 그 후 감옥에 들어가서 손수건으로 목을 매어 죽었다. 그 비극은 이들의 머리에서 떠나지 않아 엄격하고 성실한 생활을 하고자 애쓰고 있었다. 구제는 헤라클레스와 같은 힘을 지닌 스물세 살의 잘생긴 남자였다. 그의 노란 수염 때문에 공장 동료들은 구제를 금주둥이라고 불렀다.

제르베즈는 이 이웃에게 깊은 우정을 느꼈다. 제르베즈는 그 집을 처음 방문했을 때 집안이 너무 깨끗한 데 놀라 멍청하게 서 있었다. 구제 부인은 아들의 방을 보여 주었는데 여자 방처럼 아담하고 깨끗했다. 이 가족은 사귀면 사귈수록 좋은 사람들이었다. 그들은 많은 돈을 벌었고 2주일에 한 번씩 수입 중의 4분의 1 이상을 은행에 저축했다. 그래서 동네 사람들에게 칭찬을 받았다.

구제는 한 번도 구멍난 옷을 입은 적이 없고 외출할 때 얼룩 하나 없는 깨끗한 작업복을 입고 나갔다. 그러던 어느 날 그가 술에 취해서 돌아온 적이 있었다. 그러자 구제 부인은 아들에게 잔소리를 하는 대신 아버지의 초상화 앞에 앉게 했다. 이렇게 훈계하고 나서부터 구제는 술을 적당히 마셨다. 하지만 술을 싫어하게 된 것은 아니었다.

구제는 처음에 제르베즈를 만나면 몹시 수줍어했다. 하지만 몇 주일이 지나자 친숙해졌다. 구제는 제르베즈를 기다리고 있다가 빨래 보따리를 방에까지 들어다 주기도 하고·갑자기 친근한 태도로 누나 대접을 해 주기도 했다.

그러던 어느 날, 노크도 하지 않고 문을 열었을 때 제르베즈가 반 나체로 몸을 씻고 있는 것을 보고는 일주일 동안 제르베즈의 얼굴을 쳐다보지 못했다.

카시스 도령인 쿠포는 파리 사람 특유의 입심으로 금주둥이를 바보 취급했다. 쿠포는 구제가 여자들에게 곁눈질을 한다며 제르베즈 앞에서 놀렸다. 그러면 구제도 열심히 변명을 했다. 그러나 이런 일이 있다고 해서 쿠포와 구제의 사이가 나빠지지는 않았다. 아침엔 함께 일터로 갔고 저녁이면 함께 맥주 한 잔을 하기도 했다.

이 두 가족의 생활은 3년 동안 이렇게 지나갔다. 제르베즈는 일주일에 두 번 쉬면서 딸아이를 키웠다. 제르베즈는 세탁부로서 하루 3프랑까지 벌었다. 그래서 여덟 살이 다 된 에티엔을 사르트르 거리에 있는 월 100수 하는 작은 기숙사에 넣기로 했다. 두 아이를 키우면서 그들은 매월 20프랑에서 30프랑씩 저축을 했다. 그 저축해 놓은 돈이 600프랑이 되자 제르베즈는 조그만 가게를 얻어 직접 세탁소를 운영해 보고 싶은 마음이 들었다.

이것저것 계산을 해 보니 일이 잘 되면 20년 후에는 시골에서 연금으로 살 수 있을 것 같았다. 그러나 그녀는 위험한 짓을 하지 않으려고 했다. 입으로는 가게를 물색하고 있다고 했으나 심사숙고했다. 돈은 은행에 저축해 놓아 이자가 늘어났다. 3년째가 되자 제르베즈는 여러 가지 소원 중에서 하나를 이루었다. 그렇게 갖고 싶던 괘종시계를 산 것이다.

제르베즈는 시계 유리 뚜껑 안쪽에 예금 통장을 감춰 두었다.

로리웨 부부는 구제 모자를 질투했다. 쿠포네가 친척이 있는데도 언제나 구제네랑 돌아다니는 걸 보면 기분 나쁘다고 말했다.

"흥, 저것들이 재산을 좀 모으니 친척들을 무시하고 멀리한단 말야. 조금 형편이 나아졌다고 잘난 체를 한다니까."

로리웨 부인은 동생네가 자기를 멀리하는 것에 화를 내고 다시 제르베즈를 욕하고 다녔다. 르라 부인은 반대로 제르베즈 편을 들었다.

제르베즈의 시어머니는 두 사람 모두를 감쌌다. 시어머니는 몸이 점점 약해져 일자리도 한 집뿐이었다. 시어머니는 여기저기서 100수 정도를 받아 생활했다.

나나가 만 세 살이 되던 날, 쿠포가 저녁때 집에 돌아왔을 때 제르베즈가 이상한 모습으로 앉아 있는 것을 보았다. 그녀는 그저 아무것도 아니라고 했지만 분명 무언가를 고민하는 것 같았다. 쿠포가 다그쳐 묻자 그제서야 제르베즈는 자기의 생각을 말했다.

"구트도르 거리에 조그만 잡화상이 세를 내놨어요. 실을 사러 갔다가 깜짝 놀랐어요. 우리가 예전부터 살고 싶었던 곳이었어요. 가게와 뒷방, 양쪽으로 방 두 개가 있어요. 우리에게 딱 안성맞춤이에요. 근데 집값이 너무 비싸요. 집주인은 500프랑을 달라고 하더군요."

쿠포는 방이 그렇게 마음에 들면 얻어 보라고 했다. 하지만 값을 깎아 보라고 했다. 그리고 한 가지 걸리는 것이라면 제르베즈가 꺼리는 로리웨 부부와 같은 건물에 살게 되는 것이라고 했다. 그리고 시누이 근처에 살 수 있겠느냐고 물었다. 제르베즈는 화를 내며 로리웨 부부를 싫어하지 않는다고 말했다.

다음 날 제르베즈는 마음을 가라앉힐 수 없어 괘종시계 뚜껑을 열고 예금통장을 한참 동안 들여다보았다. 출근하면서 그녀는 구제 부인에게 의논을 했다. 구제 부인은 대찬성이었다. 그들 부부처럼 착실한 사람들이 세탁소를 한다면 분명 장사가 잘 될 것이고 실패할 염려도 없다고 했다. 점심 시간에 제르베즈는 시누이 로리웨 부인의 의견을 물어 보려고 그녀의 집에 갔다.

로리웨 부인은 깜짝 놀랐다. 절름발이가 가게를 갖는다는 생각에 속이 뒤집힐 정도였지만 더듬거리며 매우 기쁘다고 말했다.

제르베즈는 저녁에 쿠포에게 그 날 있었던 일을 털어놓으며 그 가게를 얻어야겠다고 말했다.

"그러면 내일 여섯 시경에 나시옹 거리에 있는 내 일터로 와. 같이 그 가게에 들러서 값을 깎아 보자고."

그 무렵 쿠포는 신축 중인 4층 건물의 지붕을 마무리하고 있었다. 쿠포는 재단사가 옷감을 재단하듯이 맑은 하늘을 배경으로 작업대 위에 엎드려 큰 가위로 함석을 자르고 있었다. 열일곱 살 난 금발머리 조수가 쿠포의 일을 도왔다.

"지도르, 인두를 넣어 두라고!"

두 사람은 풀무질을 하기 시작했다. 쿠포는 마지막 한 장의 함석을 손에 들었다. 지붕 끝은 급경사였다. 쿠포는 조그맣게 휘파람을 불며 앞으로 나갔다. 눈 아래가 바로 보도였다. 쿠포는 조수를 불렀다.

"이 느림보 녀석, 빨리 해. 어서 인두 좀 줘!"

그래도 지도르는 서두르지 않았다. 그는 근처의 지붕과 파리 쪽으로 솟아오르는 굵은 연기를 바라보고 있었다. 그러다 쿠포의 소리에 정신을 차리고는 배를 깔고 엎드려 길 쪽으로 머리를 내밀고 있는 쿠포에게 인두를 주었다. 쿠포는 함석판을 용접하기 시작했다.

쿠포는 뱃심이 좋고 담력이 셌다. 일에 숙달되어 위험은 생각하지도 않았고 무섭지도 않았다. 그는 파이프 담배를 피우며 가끔 길 위로 몸을 돌려 태평하게 침을 뱉기도 했다.

"저기, 보슈 부인이 아닌가! 이봐요, 보슈 부인!"

이렇게 해서 지붕과 보도 사이에서 쿠포와 보슈 부인은 대화를 시작했다.

"우리 집사람 못 봤소?"

"못 봤는데, 여기로 온다고 했나요?"

"나를 부르러 온다고 했는데……. 그런데 댁은 안녕하신가요?"

"예, 덕분에요. 저는 이만 갈게요."

쿠포는 몸을 돌려 지도르가 내미는 인두를 받았다. 그런데 보슈 부인이 막 떠나려고 할 때 맞은편 길에서 나나의 손을 잡은 제르베즈가 나타났다. 보슈 부인은 쿠포에게 이 사실을 알려 주려고 지붕을 보았다. 그러자 제르베즈가 보슈 부인의 입을 막았다. 그리고 조용하게 말했다.

"별안간 내가 나타난 것을 알고 남편이 마음이 설레어 떨어지면 어떡해요? 남편이 일하는 곳에 찾아온 것은 이번이 두 번째예요. 난 남편이 일하는 것을 보면 피가 거꾸로 솟아요. 위험한 일이잖아요."

"사실 기분 좋은 일은 아니죠."

제르베즈는 나나가 아버지를 보고 소리를 지를까 봐 나나를 치맛속으로 숨겼다. 그리고 자기도 모르게 새파랗게 질린 얼굴로 쿠포를 바라보았다. 쿠포는 물받이 옆에서 함석판 가장자리를 용접하고 있었다. 쿠포는 몸을 뻗어 보았지만 끝까지 닿지 않았다. 그러자 모험을 했다. 한동안 보도 쪽으로 몸을 내민 채 민첩한 솜씨로 일을 했다. 제르베즈는 불안했다. 두 손을 움켜쥐고 있다가 자신도 모르게 애원하듯 손을 올렸다.

잠시 후 쿠포가 아내를 발견했다. 쿠포는 아내를 보자 즐겁게 말했다.

"뭐야, 염탐하는 거야? 저 사람은 또 쓸데없는 걱정을 하는군……. 잠깐 기다려. 10분이면 다 되니까."

남아 있는 일은 지붕에 있는 굴뚝에 갓을 씌우는 일이었다. 그것은 아주 쉬운 일이었다. 두 여자는 나나가 도랑으로 들어가지 않도록 감시를 하면서 이야기를 했다.

지도르는 화덕 불에 풀무질을 시작했다. 태양은 장밋빛으로 사방을 물들이며 지고 있었다. 그 빛은 서서히 엷어지면서 연보랏빛이 되었다. 갓을 다 오려 내자 쿠포가 지도르를 불렀다.

"지도르, 인두를!"

그러나 지도르는 보이지 않았다. 함석장이 쿠포는 욕을 퍼부으며 소년을 찾았다. 소년은 두 집 건너 지붕 위에 있었다.

"이 게으름뱅이! 소풍 나온 줄 아니? 시인처럼 시라도 읊을 작정이냐! ……. 인두 좀 줘라. 지붕 위에서 산책하는 놈은 처음 보겠네."

용접을 마치자 쿠포는 제르베즈에게,

"이젠 다 마쳤어. 내려갈게."

라고 말했다. 통풍 갓을 씌울 굴뚝은 지붕 한가운데 있었다. 제르베즈는 마음을 가라앉히고 남편을 지켜보며 미소를 지었다. 나나는 아버지의 모습을 보자 손뼉을 쳤다. 그 애는 지붕 위를 더 잘 보려고 보도에 주저앉았다.

"아빠, 아빠! 아빠, 여기야!"

함석장이는 몸을 굽혀 딸을 보려고 했다. 그런데 순간 발이 미끄러졌다. 갑자가 다리가 꼬인 고양이처럼 힘없이 굴러 떨어졌다. 그의 몸은 느슨한 곡선을 그리며 두 번 회전하더니 둔탁한 소리를 내며 길 한복판에 떨어졌다.

제르베즈는 큰 소리로 비명을 질렀다. 사람들이 구름 떼처럼 모여들었다. 보슈 부인은 얼이 빠져 허리를 굽힌 채로 나나를 감싸 안고 아이가 아버지의 다친 모습을 보지 않도록 눈을 가렸다.

네 명의 남자가 쿠포를 약국으로 옮겼다. 아직 숨은 쉬고 있었지만 약사는 머리를 저었다. 제르베즈는 땅바닥에 주저앉아 넋을 잃고 흐느껴 울었다. 이윽고 사람들이 들것을 들고 와 병원으로 데려가려고 하자 그녀는 소리쳤다.

"안 돼요. 병원은 안 가요. 우리 집으로 가요."

남편을 집으로 데리고 가면 치료비가 더 들 것이라고 사람들이 말했다. 하지만 제르베즈는 막무가내였다.

일주일 동안 쿠포는 위독했다. 집안 식구도 이웃도 모두 쿠포가 머지 않아 죽을 것으로 생각했다. 치료를 하러 온 의사는 한 번 왕진하러 오는 데 100수나 받는 유명한 의사였다. 제르베즈는 간절한 마음으로 쿠포를 간호했다. 남편은 다리가 부러졌다. 그건 누구나 알고 있는 사실이고 다리는 고칠 수 있으니 상관 없었다. 혹시 내상을 입었더라도 자기의 정성스런 마음과 애정만 있으면 남편은 일어날 수 있을 거라고 생각했다.

쿠포의 사고로 집안은 발칵 뒤집혔다. 시어머니는 제르베즈와 함께 쿠포를 간호했다. 하지만 아홉 시만 되면 잠을 잤다. 르라 부인은 매일 밤 쿠포가 어떤지 보러 왔다. 로리웨 부부도 처음엔 하루에 두 번씩 와서는 밤을 새우겠다고 하기도 하고 제르베즈에게 안락 의자까지 갖다 주었다. 하지만 곧 제르베즈를 호되게 몰아세웠다. 남편을 집으로 데리고 와서 회복이 더딜 뿐더러 비용이 더 들고 있다고 못마땅해했다.

"쿠포 부부가 저축한 돈으로 치료비가 해결되면 다행이지. 하지만 더 오래 병상에 누워 있다면 빚을 얻어야 할지도 몰라. 하지만 그렇다고 친척을 믿으면 곤란해…… 절름발이는 할 수 없어. 그렇잖아요, 다른 사람들처럼 병원에 입원을 시키지. 자기 분수도 모르고 건방져서 이런 일이 벌어졌어."

어느 날 밤, 로리웨 부인은 심술궂게 제르베즈에게 이렇게 물었다.

"그래, 자네는 언제 가게를 얻나? 관리인은 아직도 자네를 기다리고 있는 것 같던데……."

쿠포의 사고로 구트도르 거리에 세탁소를 내는 일은 수포로 돌아갔다. 로리웨 부인은 속으로 쿠포가 사고를 당하고 나서 쿠포 부부의 꿈이 산산조각이 난 것을 고소해했다. 로리웨 부부는 쿠포의 재난을 기뻐했다.

구제 모자는 쿠포가 병상에 누워 있는 동안 제르베즈를 친절하게 도왔다. 구제 부인은 제르베즈의 일을 거들어 주었고 외출할 때는 설탕이나 버터나 소금이 필요하지 않느냐고 물었다. 구제는 매일 아침 제르베즈의 물통을 들고 공동 우물에 가서 물을 길어다 주었다. 그리고 저녁에 친척들이 오지 않을 때는 쿠포 부부의 말벗이 되어 주기도 했다.

구제는 제르베즈가 환자의 시중을 드는 것을 바라보았다. 그는 하룻밤에 열 마디 말도 하지 않았다. 그녀가 약을 따르거나 설탕을 넣어 소리나지 않게 젓는 모습을 보고 감동했다. 또 이불을 침댓가에 말아 놓거나 부드러운 목소리로 쿠포를 격려해 주는 모습을 보고는 다시 한 번 감탄했다. 그는 지금까지 이렇게 부지런한 여자를 본 적이 없었으며 다리를 저는 것까지도 이상하게 보이지 않았다. 오히려 남편 곁에서 하루 종일 부지런히 일하는 것이 돋보였다. 제르베즈가 한결같이 정성껏 쿠포를 사랑하며 돌봐 주는 것을 보고 그녀에게 깊은 애정을 느꼈다.

구제는 결혼을 하기로 되어 있었다. 어머니가 레이스 짜기를 하는 처녀를 봐 두었는데 어머니는 그 처녀와 아들을 결혼시키려고 서두르고 있었다. 아들은 어머니를 실망시키지 않으려고 승낙을 했고 결혼식은 9월 초에 하기로 되어 있었다. 결혼 비용은 오래 전부터 은행에 저축해 놓았다.

하지만 제르베즈가 구제에게 결혼 이야기를 물으면, 그는 가로저으며 느릿한 말투로 이렇게 말했다.

"여자라고 다 당신 같진 않아요. 모두 당신과 같다면 난 열 사람하고라도 결혼할 거예요."

그러는 동안 두 달이 지나고 쿠포는 일어났다. 먼 곳까지는 갈 수 없었으나 부축을 받으면 침대에서 창문까지 걸을 수 있었다. 쿠포는 누워 있는 동안 신을 저주하고 주위 사람들의 화를 돋우었다.

"이렇게 누워 있다간 천장 전공 학자가 되겠군."

그러다가 자기 운명을 탓했다.

"내가 무슨 잘못을 했다고 나에게 이런 일이 닥친 거야? 난 건달도 아니고 술꾼도 아니잖아. 난 그저 선량한 노동자일 뿐야. 우리 아버진 술에 너무 취해서 목을 다쳤지. 그런데 나는 취하지도 않았고 한 방울의 술도 마시지 않았어. 그저 나나를 보고 웃어 주려고 한 것뿐이었어. 그런데 너무 하잖아. 만일 하느님이 계시다면 어떻게 이런 일이 있을 수 있어? 난 절대로 이것을 받아들일 수 없어."

쿠포는 다리가 나아 가면서 웬일인지 노동을 증오했다. 그리고 함석 일이 아니라 가구 세공 일을 배울 걸 그랬다며 후회했다.

쿠포는 두 달 동안 목발을 짚고 다녔다. 예전처럼 다시 명랑해졌지만 빈둥거리는 생활 때문에 잔소리만 늘었다. 일을 하지 않는 동안 그는 아무것도 하지 않고 낮잠을 자는 달콤함을 알았다.

건강을 회복하자 다시 농담을 즐기게 되었다. 목발이 필요없게 되자 친구들을 만나기 위해 일터를 돌아다녔다. 공사 중인 건물 앞에 서서 냉소를 머금고 머리를 흔들었다. 땀을 흘리며 일하는 노동자들을 놀려대며 뼈빠지게 일해 봤자 이런 결과만 낳는다며 자기 다리를 내밀었다. 사람들이 일하는 앞에서 빈정거리고 나면 노동에 대한 한이 좀 풀렸다.

쿠포와 제르베즈의 첫 번째 부부 싸움은 어느 날 밤 에티엔 때문에
벌어졌다. 쿠포는 그 날 오후 내내 로리웨 부부 집에 가 있었다. 집에
돌아와 보니 식사 준비는 되어 있지 않았고, 아이들은 밥을 해 달라고
울고 있는 형편이었다. 그러지 쿠포는 짜증이 났다. 결국 쿠포는 에티엔
을 나무라며 손찌검을 했다. 그리고 한 시간 동안 투덜투덜 잔소리를
늘어놓았다.

"넌 내 자식도 아닌데 왜 이 집에 있게 했는지 모르겠어. 내 말을 듣
지 않으면 내쫓아 버릴 거야!"

그리고 사흘 후부터는 아침 저녁으로 에티엔의 엉덩이를 걷어찼다.
그래서 아이는 쿠포가 올라오는 소리가 나면 구제 집으로 도망을 쳤다.

제르베즈는 오래 전부터 다시 일터로 나갔다. 이젠 시계 뚜껑을 열었
다 닫았다 할 필요가 없었다. 저축해 놓았던 돈을 모두 써 버린 것이다.
이제 그녀는 몸이 으스러지도록 일을 해야만 했다. 그녀는 혼자 힘으로
가족들을 먹여 살렸다. 사람들이 그녀를 동정하는 소리를 들으면, 그녀
는 쿠포를 위해 변명했다. 또 누가 쿠포가 이제 건강해졌으니 다시 일
터로 나가야 한다고 말하면 이렇게 말했다.

"안 돼요, 아직 안 돼요. 다시 아프면 큰일이에요."

쿠포가 다시 일을 하지 못하게 하는 것은 제르베즈였다. 매일 아침
그녀는 남편에게 마음 푹 놓고 조급하게 서둘지 말라고 몇 번이고 말했
다. 게다가 남편에게 20수 짜리 동전 몇 개를 쥐어주었다. 그러면 쿠포
는 당연한 것처럼 받았다. 여기저기가 아프다고 엄살을 부렸다. 쿠포는
이렇게 일터에서 일터로, 술집에서 술집으로 돌아다니며 하루를 빈둥거
리다가 취해서 돌아올 때도 있었다.

그러는 동안 제르베즈는 점점 기분이 우울해졌다. 세탁소를 차리려고
했던 가게는 아직도 비어 있었다. 하지만 그 가게를 얻을 만한 돈이 없

었다. 그 큰 돈을 벌려면 다시 4,5년은 걸릴 것 같았다. 그 가게를 얻지 못한다는 것이 그녀에겐 큰 슬픔이었다. 하지만 그가 일할 기분이 생길 때까지 몇 달이고 내버려 두었다.

어느 날 밤, 제르베즈가 혼자 있는데 구제가 찾아와서는 돌아가려고 하지 않았다. 뭔가 중요한 말을 하려고 하는 것 같았다. 이윽고 구제는 무거운 침묵을 깨고 결심한 듯 파이프를 빼더니 단숨에 이렇게 말했다.

"제르베즈 부인, 내 돈을 빌려 드릴까요?"

제르베즈는 얼굴이 홍당무가 되었다. 그리고 딱 잘라서 거절했다. 언제 갚을지 가망성도 없는 돈을 빌릴 수는 없었다.

"난 당신 결혼 자금을 쓸 수 없어요!"

"난, 결혼하지 않을 거예요. 그보다 좀 생각하는 게 있어서……."

둘 다 고개를 숙였다. 두 사람 사이에는 말로는 표현 못할 감미로운 무엇이 있었다. 제르베즈는 승낙을 했다.

구제는 어머니에게 말을 해 놓은 상태였다. 두 사람은 구제 어머니를 만나러 갔다. 구제 어머니는 심각한 얼굴을 했다. 그 이유는 쿠포가 변했기 때문이다. 특히 쿠포가 병이 회복되는 동안 구제 부인이 쿠포에게 글을 배워보라고 했을 때 글을 배우지 않겠다고 거절한 것을 못마땅하게 여겼다. 구제 어머니는 제르베즈에게 500프랑을 빌려 주는 대신 매달 20프랑씩 나눠서 갚으라고 했고 기한도 정하지 않았다.

밤늦게 제르베즈로부터 구제가 돈을 빌려 준다는 말을 들은 쿠포는 이렇게 말했다.

"하하, 그 대장장이 녀석이 당신한테 눈독을 들이고 있는 거야."

쿠포 부부는 다음 날 당장 가게를 얻었다.

5

보슈 부부는 마침 프와소니에르 거리를 떠나 4월부터 구트도르 거리로 이사왔다. 거기다가 쿠포네가 가게를 얻은 그 아파트 관리실 담당자로 왔다. 일일이 잔소리를 하는 관리인의 감시를 받을 거라고 걱정했던 쿠포 부부는 보슈 부부라면 사이좋게 잘 지낼 수 있을 것으로 생각되어 안심했다. 집을 얻는 날 쿠포 부부가 임대 계약서에 서명을 하러 계단을 올라갔을 때 제르베즈의 가슴은 벅찼다.

집주인과 만난 곳은 바로 보슈 부부가 일하는 관리실이었다. 주인 마레스코 씨는 페 거리에 있는 큰 철물점 주인으로 예전엔 거리를 다니며 회전 숫돌로 칼을 갈았지만 이제는 백만장자라고 했다. 그의 즐거움은 세든 사람들에게 칼이나 가위를 갈아 주는 일이었다. 그래서 그는 거만하지 않다는 평을 듣고 있었다. 이윽고 계약서에 서명을 하자 주인은 함석장이 쿠포에게 악수를 청했다. 그러면서,

"나는 노동자가 좋소."

라고 말했다.

하지만 쿠포 부부는 보슈 부부의 태도에 당황했다. 두 사람은 쿠포 부부를 아예 무시하고 있었다. 그리고 집주인 앞에서 굽실거리기에 여념이 없었다.

보슈는 3층에 사는 재봉사 여자가 집세를 내지 않았다며 그 여자를 쫓아내자고 주인에게 말했다. 그러고는 거드름을 피우며 체납된 집세를 계산했다. 이런 이야기를 들으며 제르베즈는 가볍게 몸을 떨었다. 자기도 언젠가 집세를 못 내면 쫓겨날지도 모른다는 생각이 들었기 때문이다.

주인과 쿠포 부부, 보슈는 함께 세를 낸 가게에 갔다. 텅 빈 가게는 시커먼 천장과 낡아빠진 누런 벽지 조각이 너덜거리고 있었다. 가게에 도착해서 쿠포 부부와 집주인은 말다툼을 했다. 마레스코는 상점을 장식하는 일은 세든 사람 쪽에서 할 일이라고 말했다. 하지만 제르베즈는 또박또박 반박을 했다.

"이게 주택이라면 집주인이 벽지를 발라 주지 않겠어요? 그런데 가게는 왜 안 되는 거죠? 대단한 것을 부탁하는 것이 아닙니다. 다만 천장을 하얗게 칠하는 것과 벽지를 다시 바르는 정도입니다."

그 동안 보슈는 시치미를 뚝 떼고 천장만 바라보았다. 마레스코는 화가 났지만 하는 수 없이 천장과 벽을 발라 주겠다고 했다. 그러나 벽지 비용의 반은 쿠포네가 내야 한다고 했다. 그리고 어떤 소리도 듣지 않으려고 서둘러 나가 버렸다.

다음 월요일부터 가게를 꾸미기 시작했다. 나흘 동안 가게 준비를 끝낼 예정이었으나 3주나 걸렸다. 여전히 일을 나가지 않는 쿠포는 아침부터 나와 작업 과정을 지켜보았다. 일을 나가지 않는 쿠포와 보슈는 아침부터 일꾼들을 감독했다. 두 사람은 뒷짐을 지고 담배를 피우기도 하고 침을 뱉으며 잔소리를 하기도 했다.

가게 단장을 끝내자 당장 이사를 했다. 제르베즈는 하늘색으로 칠한 자기 가게가 참 아름답다고 생각했다. 가게 안도 온통 푸른빛이었다.

새 가게는 동네에서 좋은 평판을 얻었다. 제르베즈가 개점한 날 아침, 지갑 속에는 6프랑밖에 남지 않았다. 가게 꾸미는 데 돈을 다 써 버렸기 때문이다. 하지만 제르베즈는 걱정하지 않았다. 손님들이 밀려오고 사업이 잘 될 것 같았다.

"아, 정말로! 바보 같은 동생 녀석이 병신 취급을 받고 있다니까. 절

름발이 년이 서방질을 하고 다녀서 얻은 가게랍니다. 너무 하지 않습니까?"

로리웨 부부는 가게를 얻은 제르베즈에게 샘이 나서 이웃 사람들에게 이런 소리를 하고 다녔다.

로리웨 부부는 제르베즈와 완전히 틀어지고 말았다. 가게를 수리할 때부터 로리웨 부부는 심통이 나 죽을 지경이었다.

"그 가게를 어떻게 차렸는지 내 다 알고 있지! 그 대장장이한테서 온 돈이지. 그 돈이 그냥 왔을까? 그 대장장이 집은 대단한 내력이 있더군. 애비가 단두대에 오르기 싫어 스스로 목숨을 끊었다고 하더군. 흥! 사연도 많은 놈이랑 정분이 났어."

로리웨 부인은 제르베즈가 구제와 좋아하는 사이라고 떠들고 다녔다.

"도대체 그 절름발이 여자가 뭐가 좋아서 남자들은 난리들일까? 나 같으면 거들떠보지도 않을 텐데……."

이 건물에서 일어나는 모든 일에 대해 판정을 하는 보슈 부부는 이 일에 대해서 로리웨 부부가 나쁘다고 말했다. 시샘이 너무 많아 거짓말을 하고 다닌다고 했다. 쿠포의 어머니는 여전히 두 집을 드나들며 어디서나 거슬리지 않는 이야기를 했다. 하룻밤씩 교대로 며느리와 딸의 이야기를 들어 주었다.

그 무렵 르라 부인은 쿠포네 집에 오지 않았다. 애인의 코를 면도날로 자른 어떤 남자의 이야기를 하다가 제르베즈와 말다툼을 했기 때문이다. 르라 부인도 제르베즈를 욕하고 다녔다.

이렇게 두 시누이에게 험담을 들으면서도 제르베즈는 가게 문간에서 조용히 미소를 지으며 아는 사람들에게 다정하게 머리를 숙이며 인사했다. 그녀는 이제 스물여덟 살로 벌써 살이 붙기 시작했다. 화사한 얼굴에 통통하게 살이 붙어 예뻐 보였다. 다리만 절지 않았다면 금발머리

멋쟁이로 미인축에 들었을 것이다.

제르베즈는 상냥한 여자였다. 로리웨 부인을 제외하곤 아무도 미워하지 않았다. 제르베즈는 특히 쿠포에 대해 부드러운 태도를 보였다. 남편을 험담하거나 남편에 대한 불평을 늘어놓지 않았다.

쿠포도 결국 일을 하기 시작했다. 그즈음 그는 파리 반대편에 있는 일터로 일을 나갔다. 그래서 제르베즈는 그에게 점심값과 술값, 담뱃값을 주었다. 쿠포는 가끔 엿새 중 이틀은 친구들과 어울려 술을 마시고 점심때쯤 돌아와 거짓말을 하곤 했다. 고급 요리를 시켜 친구들과 먹고는 돈이 부족하자 종업원을 시켜 자기가 인질로 잡혀 있다고 했다. 그래도 그녀는 웃으면서 이렇게 말했다.

"남자들이 좀 재미를 본들 나쁠 것도 없지. 집안이 화평하려면 남자가 바깥에서 기를 펴고 살아야 한다고. 쿠포는 아직 다리가 아프고 형편없는 사람이라는 소리를 듣기 싫어서 어울리는 걸 거야."

무더위가 닥쳐왔다. 6월 어느 토요일 오후였다. 일이 너무 많아 바쁜 날이었다. 방 안은 숨이 막힐 지경이었다. 다리미에서 나오는 온도가 만만치 않았다. 한길로 문을 열어 놓았지만 바람 한 점 들어오지 않았다. 제르베즈는 온통 땀에 젖었다.

"위트와 부인, 부인은 이 바구니의 빨래를 맡으세요."

위트와 부인은 45살 된 마르고 자그마한 여자로 그 더위에도 웃옷을 입고 땀 한 방울 안 흘리며 다림질을 하고 있었다.

"어머, 클레망스 양, 옷을 바로 입어요. 난 난잡한 것은 질색이에요. 가게 안이 밖에서 훤히 보이는데 그런 차림을 하다니."

위트와 부인은 클레망스 양에게 주의를 주었다. 클레망스 양은,

"빌어먹을 할멈."

하고 중얼거렸다. 클레망스는 서른 살도 안 되었는데 방탕에 젖어 있었

다. 사내들과 어울려 밤새도록 노는 것을 좋아했다. 그래도 제르베즈는 그녀를 내쫓지 않았다. 남자 셔츠를 다리는 솜씨가 대단했기 때문이다.

"클레망스, 옷을 바로 입어요. 위트와 아주머니 말이 옳아요."

클레망스는 주인이 말하니 할 수 없이 옷을 바로 입었다. 그러고는 홧김에 양말과 손수건 등 쉬운 것들을 다림질하는 사팔뜨기 오귀스틴에게 분풀이를 했다.

"아유, 냄새!"

클레망스가 코를 쥐고 외쳤다.

"그야, 당연하지. 깨끗할 것 같으면 우리 집에 가져오겠어? 힘든 빨래니까 돈 주고 맡기는 거지."

제르베즈는 이렇게 말하고 더러운 것에 익숙해서 아무렇지 않게 일을 했다. 그 때 함석장이 쿠포가 들어왔다.

"빌어먹을! 지독한 뙤약볕이군. 머리까지 태울 작정인가!"

그는 쓰러질 듯 휘청거리며 가게 안으로 들어왔다. 이렇게 취해서 온 것은 처음이었다. 지금까지는 기분 좋을 정도로만 술을 마셨었다. 거기다 눈두덩 위를 얻어맞고 들어왔다. 그래도 여전히 익살을 떨었다. 그는 여전히 마음 좋은 사람이었고 피부는 어떤 여자도 꼬실 정도로 부드러웠다.

"아, 미안해, 여보. 내 친구 피에 드 셀르라고 당신도 알지? 그 녀석이 오늘 고향에 간다고 우리에게 한턱을 낸다는 거야. 이놈의 뙤약볕만 아니라면 우린 아무렇지 않았을 텐데……. 밖에 나가 봐. 모두 병자처럼 축 늘어져서 누구나 할 것 없이 비틀거리고 있다니까."

"가서 주무세요, 여보. 우린 지금 이렇게 바빠요."

제르베즈는 어머니같이 부드럽게 말했다. 그러나 쿠포는 졸리지 않았다. 여전히 가게를 떠나지 않고 몸을 비틀거리면서, 일하는 사람들을 귀찮게 했다. 석양이 가게 앞을 이글이글 비추자 가게 안은 마치 불타는 듯했다. 그러자 쿠포는 심한 더위에 한결 더 취기가 돌아 갑자기 욕정을 느꼈다. 그는 완전히 흥분해서 팔을 벌린 채 제르베즈 쪽으로 걸어왔다.

"당신은 좋은 아내요. 자, 키스를 해 줘."

그러다가 그는 페티코트 더미에 걸려 넘어질 뻔했다.

"귀찮게 굴지 마세요, 제발."

"안 돼, 당신하고 키스하고 싶단 말이야."

그러다가 또 빨랫더미에 걸려 넘어졌다. 화가 난 제르베즈는 모두 엉망이 된다고 고함을 치면서 그를 밀었다. 이것을 본 클레망스와 위트와 부인은 제르베즈가 너무한다고 했다.

"정말이지 당신은 행복한 거예요, 쿠포 부인!"

기분이 가라앉자 제르베즈는 조금 전의 자기 행동을 후회했다. 그래서 쿠포를 부축하여 바로 일으켜 세웠다.

쿠포는 그 다음 날도 술을 먹고 들어왔다. 그런 날이 며칠 이어졌다. 과음한 다음 날이면 숙취에 빠져 일터에도 나가지 못했다.

그는 술꾼들과 마주치면 그들이 자리를 놓아 주지 않기 때문에 마음에도 없는 술을 마신다고 변명했다. 그러고는 술을 그렇게 마셔서는 안 되겠다며 후회하는 표정을 지었다. 그래 놓고는 오후 내내 동네 근처를 어슬렁거렸다. 그리고 세탁소로 들어와 세탁소 여공들을 놀려 대었다. 그러면 제르베즈는 20수를 주어 내쫓았다. 돈을 받으면 쿠포는 도망치듯 세탁소에서 나와 거리에서 친구들을 만나 술을 마시고 금세 20수를 다 써 버렸다.

그리고 다시 술에 취해서 세탁소로 들어와서는,

"당신 애인 왔었나? 그 대장장이, 구제 말이야. 요즘은 통 우리 가게에 들르지 않는군. 내가 한번 부르러 가야겠군."
하며 제르베즈를 놀려 댔다.

구제는 사실 쓸데없는 애기로 방해가 될까봐 세탁소에 자주 오지 않았다. 그러나 적당한 구실을 만들어 세탁물을 가져오기도 했다. 세탁소에 오면 그는 가게 안쪽 구석에 앉아서 입을 다물고 제르베즈를 바라보고 있다가 갔다.

구제는 제르베즈가 에티엔 때문에 곤란해하는 것을 보고 그 아이가 아버지에게 발길질을 당하지 않게 하려고 자기가 다니는 볼트 공장 풀무공으로 데리고 갔다. 하루에 10프랑에서 12프랑이나 벌 수 있었다. 에티엔은 그 때 열두 살이었다.

에티엔은 세탁소 여주인과 대장장이 구제를 연결하게 되었다. 구제는 에티엔이 단정한 아이라고 말했다. 모두들 제르베즈에게,
"구제가 당신한테 반했어요"
라고 말했다. 그런 것쯤은 그녀도 알고 있었다. 사람들이 그렇게 말하면 제르베즈는 얼굴을 붉히며 부끄러워했다

"그 사람은 점잖은 사람이에요. 단 한 번도 추잡한 행동이나 천박한 소리를 한 적도 없고요."

제르베즈는 무엇이든 심각한 근심거리가 생기면 대장장이 구제를 생각했다. 그러면 마음이 가라앉았다. 구제와 단둘이 있을 때 아무 말을 하지 않아도 제르베즈는 행복해졌다.

여름이 다 갈 무렵 나나가 집 안을 뒤흔들어 놓았다. 나나는 여섯 살이 되었는데 장난이 너무 심했다. 일하는 데 방해가 될까 봐 제르베즈는 조스 양이 운영하는 조그만 기숙 학교에 나나를 입학시켰다. 나나는 학교에서 친구들의 옷을 맞잡아 매어 놓기도 하고 선생들의 담배 쌈지에 재를 퍼 넣기도 하는 장난을 했다.

조스 양은 나나를 두 번이나 내쫓았다가 돈을 벌어야 했기 때문에 다시 데리고 갔다. 나나는 학교에서 돌아오자마자 현관 아래나 안마당에서 장난을 했다. 나나는 보슈의 딸 폴린과 제르베즈가 다니던 세탁소 여주인 아들인 빅토르와 친했다. 빅토르는 열 살로, 몸집이 크고 멍청했으며 여자아이들과 노는 것을 좋아했다. 포코니에 부인은 쿠포 부부와 사이가 좋기 때문에 자기 아들을 놀러 보냈다.

하여튼 이 아파트에는 짜증이 날 정도로 아이들이 많았다. 6층에 사는 빵을 배달하는 여자는 아이를 일곱이나 낳았다. 나나는 이 개구쟁이 아이들 위에 군림했다. 자기 키보다 큰 여자애들을 누르고 여왕이 되고 자기 편을 드는 폴린과 빅토르에게 권력을 주었다. 아이들이 어른들한테 매를 맞을 짓은 모두 나나가 시켜서 한 일이었다.

그러던 어느 날 오후 무서운 일이 벌어졌다. 나나가 굉장히 기묘한 장난을 생각해 낸 것이다. 나나는 관리실에서 보슈 부인의 신발을 훔쳤다. 그리고 그 신에 끈을 묶고 마차처럼 끌고 다녔다. 그러자 빅토르가 그 신에 감자 껍질을 채웠다. 나나가 신을 끌고 선두에 서고 폴린과 빅토르가 그 좌우에 따랐다. 그리고 많은 꼬마들이 그 뒤를 따랐다. 이 놀이는 바로 장례식 놀이를 흉내 낸 것이다. 감자 껍질이 시체였다. 아이들은 이 놀이가 무척 재미있는 모양이었다.

아이들의 모습을 보고 보슈 부인은,

"쟤네들이 지금 뭘 하고 있는 거야?"

하며 보다가 급기야 자기 신을 가지고 노는 것을 알았다. 화가 난 보슈 부인은 아이들의 머리를 모조리 쥐어박으며 나나의 따귀를 때렸다. 그리고 어머니의 신을 갖고 간 폴린을 발로 걷어찼다. 마침 제르베즈는 수돗가에서 물을 받고 있었다. 나나가 코피를 흘리며 훌쩍거리는 것을 본 제르베즈는 보슈 부인의 머리채를 휘어잡고 어린애를 황소 몰아 세

우듯이 두들겨 대는 사람이 어디 있느냐고 따졌다. 보슈 부인도 지지 않고 대꾸했다.

"저런 말썽꾸러기 계집애는 밖으로 못 나오게 자물쇠로 채워야 해."

보슈까지 관리실 문 앞에 나와 마누라에게 그런 집안 사람들이랑 말할 필요도 없다며 빨리 들어오라고 했다. 이렇게 해서 두 가족은 완전히 갈라섰다.

그러던 어느 날, 제르베즈는 로리웨 부부 집에 갈 일이 생겼다. 예순일곱 살이 된 시어머니가 시력을 거의 잃고 다리도 못 쓰게 된 것이다. 더 이상 일을 할 수가 없어 누구든 이 노인을 돌봐야 했다. 제르베즈는 자식을 세 명이나 둔 노인이 그 나이에 자식들의 보살핌을 받지 못하는 것은 부끄러운 일이라고 생각했다.

7층으로 올라간 제르베즈는 노크도 하지 않고 현관에 들어섰다. 제르베즈가 처음으로 그의 집에 갔던 때와 하나도 달라진 것은 없었다. 모든 것이 그대로였다.

"제가 와서 놀랐죠? 제가 온 것은 시어머님 때문이에요. 저는 어머니가 남의 신세를 지며 빵조각을 얻어 먹게 할 수는 없다고 생각해요."

"뻔뻔스럽기는!"

로리웨 부인은 등을 돌리고 앉아 올케는 안중에도 없다는 듯 하던 일을 계속했다. 그러고는 귀찮다는 듯이 말했다.

"모두 매달 100수씩 낸다면 우리도 내지."

"그것으로는 부족해요. 그 돈으로는 살 수가 없어요. 세 배는 더 있어야 해요."

"한 달에 15프랑씩 어디서 훔쳐 오란 말이오? 장모님은 아침에 커피 없이는 안 되고 가끔 술도 마셔요. 그리고 장모님은 아직 일할 수 있는 나이요. 눈이 나쁘다고요? 식탁에 맛있는 음식이 나오면 제일 먼저 집어갑디다. 그러니까 장모님은 놀고 먹으려는 거예요."

제르베즈는 로리웨 부부 마음을 움직여 보려고 애를 썼지만 그들은
아무 대꾸도 하지 않았다. 그러다 제르베즈가 큰 소리로 말했다.

"그만 뒤요. 나도 그 편이 좋겠군요. 잘 먹고 잘 사세요! 내가 맡을
테니까. 어머니에게 부족한 것 없이 내가 해 드리죠. 커피도 술도 다
드리지요."

"나가! 당장 나가! 100수도 기대하지 마. 한 푼도 안 줄 거야. 동전
한 푼도. 어머니가 너희 집에 가시거든 일러 드려. 죽게 돼도 우리는
물 한 모금 안 준다고 말이야. 당장 꺼져!"

이튿날, 제르베즈는 시어머니를 맡았다. 시어머니는 나나와 함께 방
을 쓰도록 했다. 시어머니는 이사한 날 저녁, 제법 집안일을 도왔다. 그
런 대로 일이 잘 되었다. 그 사이 로리웨 부부는 르라 부인이 제르베즈
와 화해를 해서 더 골이 났다.

어느 날 이 자매는 제르베즈 일로 싸움을 했다. 르라 부인이 어머니
를 잘 모시는 제르베즈를 칭찬했기 때문이다. 이 일로 두 사람은 다시
는 서로를 안 보겠다고 맹세했다.

이제 르라 부인은 밤이면 세탁소로 와서 키다리 클레망스의 음탕한
농담을 즐기며 시간을 보냈다.

3년이 흘렀다. 그 동안 쿠포 부부와 로리웨 부부는 몇 번 싸우고 또
화해했다. 이웃에선 제르베즈를 칭찬했다. 계산도 틀림없고 인색하지도
않고 물건 값을 깎지도 않았기 때문이다. 상인들은 제르베즈와 거래하
면 불이익을 당하지 않는다고 생각했다.

6

어느 가을 오후, 제르베즈는 포르트 블랑쉬 거리에 있는 한 단골집에 세탁물을 갖다 주고 푸아소니에르 거리 아래쪽을 걸어가고 있었다. 커다란 바구니를 들고 긴장 풀린 걸음걸이로 걷던 중에 갑자기 구제를 만나 보고 싶다는 생각이 들었다.

구제는 언제든 일하는 것을 보고 싶으면 철 공장으로 오라는 소리를 귀에 못이 박히도록 했었다. 그 곳에 가서 아들 에티엔을 불러 달라고 하면 다른 사람들은 그 애 때문에 이상하게 여기지 않을 거라고 했다. 그녀는 사람들에게 물어 그 공장을 찾았다. 난생 처음 가는 동네라 공장을 찾기가 무척 힘들었다.

문득 몽마르트르 언덕을 바라보는 순간 한 줄기 바람이 불었다. 그리고 그 바람결에 망치 소리가 들려왔다. 어느 사이에 제르베즈는 공장 바로 앞에 와 있었던 것이다.

"여보세요, 여기 에티엔이라는 아이가 일하고 있죠? 제 아들인데요."

"글쎄, 잘 모르겠는데요."

염소 수염을 한 직공이 이상한 눈으로 제르베즈를 쳐다보았다.

"그러면 여기 구제 씨가 일하는 곳은 맞지요?"

"아, 구제라면 있지요. 안쪽으로 들어가 보시오."

그러고는 돌아서면서 안쪽에다 대고 소리질렀다.

"어이, 금주둥이, 자네한테 부인이 찾아오셨네."

제르베즈는 무작정 안으로 들어갈 수 없어 입구에 서서 구제를 불렀다. 하지만 시끄러운 소음 때문에 제르베즈의 목소리는 들리지 않았다. 그 때 그녀는 화덕 앞에 서 있는 노랑 수염의 구제를 발견했다. 에티엔

은 풀무질을 하고 있었다. 그들 외에 두 사람의 직공이 더 있었다.

"아니, 제르베즈! 웬일이십니까?"

동료들이 이상한 표정을 짓자 구제는 에티엔을 제르베즈 곁으로 밀며 말을 계속했다.

"이 애를 보러 오셨군요. 이 애는 일도 잘 하고 착하답니다."

"여기를 찾아오는 데 얼마나 힘들었는지 몰라요."

제르베즈가 대답했다.

제르베즈는 왜 이 공장 사람들이 에티엔의 이름을 모르느냐고 물었다. 구제는 웃으면서 에티엔이 알제리아 보병처럼 짧게 머리를 깎아서 모두 꼬마 주주라고 부른다고 했다.

"미안합니다만 부인, 끝내야 할 일이 좀 남아 있는데……. 잠깐 기다려 주시겠어요?"

"예, 그러지요."

제르베즈는 그대로 그 곳에 머물러 있었다. 에티엔이 다시 풀무질을 하자 화덕은 불꽃을 튀기면서 타올랐다. 어머니에게 자기의 힘을 보여 주려고 소년은 힘 세게 바람을 불어 넣었다.

제르베즈는 구제에게 하루 일이 끝나면 손목이 저리지 않느냐고 물었다.

"이 손목은 15년 동안이나 단련되었습니다. 수많은 연장을 만져 왔으니까요. 이 일은 아무리 건장한 장정이라도 두 시간만 하면 헐떡거립니다. 그러나 나는 그뿐없습니다."

이런 이야기를 할 때 다른 직공들은 모두 열심히 쇠를 두드렸다. 제르베즈는 이글거리는 화덕의 불 기운에 홀린 듯이 마음까지 흐뭇해서 비켜 서려 하지 않았다. 그녀가 손을 데지 않으려고 에티엔 옆으로 가는데 공장 안마당에서 만난 염소 수염을 한 직공이 들어왔다.

"아, 찾으셨군요……. 이봐 금주둥이! 이 부인에게 자네가 있는 곳을 일러 준 사람이 바로 나야."

별명이 '모주꾼'인 이 남자는 볼트 제조공으로, 날마다 싸구려 브랜디를 마시고 일을 했다. 주주의 이름이 에티엔이었다는 것을 알자 제르베즈가 누구라는 사실을 알게 되었다.

"아하, 쿠포 부인이시군요. 바로 어제 쿠포와 한 잔 했지. 쿠포에게 나에 대해 물어 보슈. 나를 잘 알 거요. 그놈이라면 아름다운 부인을 가질 만하지. 안 그래, 구제? 참 미인이시구먼."

모주꾼은 구제에게 누가 더 멋지게 볼트를 만드는지 내기를 하자고 했다. 제르베즈에게 자기 솜씨를 자랑하려고 했던 것이다.

사람들이 지켜보는 가운데 두 사람은 쇠망치질을 시작했다. 시간이 지나고 볼트를 만들어 사람들에게 보여 주었다. 직공들은 구제가 만든 볼트를 보고 고개를 끄덕거렸다. 모주꾼은 시무룩하게 자기 자리로 돌아갔다. 마침내 제르베즈가 가려고 하자 구제는 제르베즈와 더 있고 싶어 그녀를 불렀다.

"이리 오세요. 보여 드릴 곳이 있습니다. 정말 재미있지요."

구제는 제르베즈를 어떤 방으로 데리고 갔다. 그 곳은 공장 제조 기계를 설비해 놓은 곳이다. 그녀는 공포에 사로잡혔다. 그 넓은 방이 흔들리고 진동하고 있었다. 구제는 제르베즈를 안심시키려고 무서워할 것 없다고 말했다. 귀가 멍멍해지는 소음 속을 구제가 앞서자 제르베즈는 뒤따라갔다. 기계 소리가 너무 커서 주고받는 이야기는 들리지 않았다.

구제는 리벳 제조기 앞에서 머리를 숙이고 한 군데를 응시한 채 생각에 잠겨 있었다. 이 기계는 몇 시간에 수백 개나 되는 볼트를 만들어 낸다. 구제는 심술궂은 사람이 아니었으나 어느 순간 철이 자기보다 늠름한 팔을 가지고 있는 것을 보고 기계를 때려부수고 싶어지는 때도 있었다. 그러다가 사람의 육체와 쇠붙이는 싸울 수 없는 법이라고 타일러 체념을 하기도 했다. 기계가 들어오고 나서부터 사람들의 임금은 12프랑에서 9프랑으로 떨어졌고 앞으로 더 내린다고 했다.

"글쎄, 이놈이 우리들을 깨끗이 해치웁니다. 하지만 좀더 나중에 인간 전체의 행복에 도움이 될지도 모르죠."

"나는 사람이 만든 것이 더 좋아요. 적어도 예술가의 손길이 느껴지니까요."

제르베즈의 말에 구제는 기분이 좋아졌다. 기계를 보고 제르베즈가 구제를 무시하지 않을까 걱정했기 때문이다.

제르베즈는 매주 토요일마다 구제네 집에 세탁물을 배달해 주었다. 그들은 여전히 뇌부 거리의 조그만 집에 살았다. 제르베즈는 세탁소를 연 첫 해에는 매달 20프랑씩 꼬박꼬박 빚을 갚아 나갔다. 이렇게 해서 그녀는 빚진 돈의 절반을 갚았다. 그러나 그 때 마침 세를 내는 날 손님이 약속을 지키지 않아 구제네 집에서 집세를 빌렸다. 그리고 고용한 여자들의 급료 때문에 두 번 더 사정을 해서 돈을 빌렸다. 그런 일로 빚은 또다시 425프랑이 되었다. 그러고는 더 이상 갚지 못하고 있었다. 하지만 구제 부인은 여전히 제르베즈에게 어머니 같았으며, 돈 얘기는 하지 않았다.

어느 날, 제르베즈는 구제네 집에 들러 계단을 내려오다가 뜻하지 않은 사람을 만났다. 제르베즈는 바구니를 든 채 밑에서 올라오는 사람들에게 길을 비켜 주었다. 모자도 안 쓴 여자가 고등어를 종이에 싸서 손에 들고 있었다. 제르베즈는 그 여자가 바로 빨래터에서 주먹다짐을 했던 베르지니라는 것을 알아보았다. 제르베즈는 눈을 감았다. 그녀가 냅다 얼굴에다 고등어를 내던질 것 같았다. 하지만 그런 일은 없었다. 그녀는 가볍게 미소를 지어 보였다. 제르베즈도 상냥하게 웃으며 말했다.

"그 땐 미안했어요."

"벌써 다 잊어버렸는데요, 뭘."

하고 베르지니도 말했다.

두 여자는 계단에 선 채로 화해를 하고 여러 이야기를 나누었다. 스물아홉 살이 된 베르지니는 금년 봄에 결혼을 했다고 했다.

"남편은 예전에 가구 세공을 했어요. 군대에 갔다 와서는 경찰이 되려고 해요. 지금 남편에게 고등어를 사다 주려던 참이에요. 우리 그이는 고등어를 무척 좋아하거든요."

제르베즈도 자기가 결혼을 하고 아기를 낳고 세탁소를 경영한다는 말을 했다. 그리고 서로 통성명을 했다.

"난 쿠포 부인이에요."

"난 프와송 부인이랍니다."

그러나 제르베즈는 마음속으로 베르지니를 경계했다. 이 갈색 머리 여자는 무슨 흑심이 있어서 빨래터에서 얻어맞은 분풀이를 하려고 화해를 해 온 것 같았다. 하지만 그녀가 지나칠 정도로 상냥해서 제르베즈도 상냥하게 대했다.

그들은 베르지니의 집으로 갔다. 남편 프와송이 있었다. 그는 서른다섯 살로, 창가 테이블에 앉아 조그만 상자를 만들고 있었다. 하루 종일 이렇게 똑같은 상자를 만들었다. 경찰에 임명되기 전까지 심심풀이로 하는 것이었다.

프와송은 아내가 옛날 친구라고 소개한 제르베즈에게 공손하게 인사했다. 하지만 그는 과묵해서 더 이상 이야기하지 않고 상자 만드는 일에만 열중했다

"우리는 친척한테 유산을 좀 받았어요. 언젠가는 이것으로 사업을 할 생각이에요."

반 시간이 지나서 제르베즈는 돌아갈 채비를 했다. 배웅 나온 베르지니는 한 번 가게로 가겠다고 약속하고 세탁물도 보내겠다고 했다. 집을 나가려는데 베르지니가 제르베즈를 잡아당겼다. 순간 제르베즈는 당황했다. 베르지니가 랑티에와 아델르 얘기를 하려는 것이라고 생각되었기 때문이다. 얼굴이 화끈거렸다. 그러나 베르지니는 그런 이야기를 하지 않았다. 다만 작별 인사를 했을 뿐이었다.

"또 봅시다, 쿠포 부인."

이 일로 두 사람은 친하게 지냈다.

일주일 뒤부터 베르지니는 제르베즈 가게 앞을 지날 때면 반드시 들렀다. 그리고 두서너 시간 이야기를 하다 갔다. 제르베즈는 베르지니를 만날 때마나 신경이 쓰였다. 랑티에 이야기를 할까 봐 걱정이 되었던 것이다. 그리고 베르지니가 오면 랑티에 생각이 머리에서 떠나질 않았다.

제르베즈는 랑티에와 아델르의 일을 묻지 않았다. 이제 제르베즈는 두 사람의 일을 문제 삼지 않았다. 그리고 베르지니에게도 아무런 원한이 없었다.

그러는 동안 겨울이 왔다. 쿠포 부부가 구트도르 거리에서 보내는 네 번째의 겨울이었다. 12월과 1월은 유난히 추웠다. 그러나 추위가 일을 방해하지는 않았다. 겨울은 다림질하기에 좋은 계절이었다. 다리미 가열기는 가게 안을 욕실처럼 따뜻하게 했다. 혹한의 계절에 더욱 근사한 일은 점심때 뜨거운 커피를 마시는 일이었다. 그 날도 함께 모여 커피를 마시고 있었다. 그 때 문이 열리며 베르지니가 벌벌 떨면서 들어왔다.

"어휴, 추워. 귀가 떨어져 나갈 것 같군. 정말 너무 춥군요."

"어머, 프와송 부인! 마침 잘 왔어요. 같이 커피 마셔요."

"정말 밖은 너무 추워요. 뼛속까지 얼어붙는 것 같다니까요."

베르지니는 식료품 집에서 오는 길이었다. 그녀는 가게 안이 너무 따뜻한 것에 놀랐다. 여자들은 일은 내버려 두고 천천히 커피의 맛을 즐겼다. 모두들 컵 속에 코를 들이대고 커피를 홀짝거리느라 아무 얘기도 하지 않았다.

그 때 클레망스가 갑자기 기침을 했다. 그녀는 벽에 머리를 기대고 한층 세게 기침을 했다.

"되게 걸렸네, 어디서 걸렸어?"

베르지니가 물었다.

"틀림없이 요 며칠 전 밤이었을 거예요. 그랑 발콩 문 앞에서 여자 둘이 멱살을 잡고 싸움을 하고 있었어요. 구경을 하느라고 그만 눈을 맞고 서 있었더니 이렇게 감기가 들었어요. 치고받고 싸우는데 정말 우스워 죽는 줄 알았어요. 나같이 말라깽이 키다리 여자가 피를 보더니 도망쳐 버렸지요. 그 날부터 이렇게 기침이 나오는 거예요."

그 말을 하자 여자들은 그 싸움에 대해 궁금해했다. 하지만 제르베즈는 여자들의 싸움 얘기가 싫었다. 예전에 빨래터에서 베르지니와 싸우던 일이 생각났기 때문이다. 여자들은 수다를 떨면서 킬킬거리고 웃기도 했다. 그 때 조용하게 베르지니가 제르베즈에게 말했다.

"지금까지 목구멍까지 나왔는데 참았어요. 그러나 오늘은 얘기해야겠어요. 정말이지 난 옛날 일로 당신을 원망하지 않아요. 당신한테 원한 같은 것은 없어요."

제르베즈는 혹시 빨래터 이야기를 할까 봐 불안했다.

"나는 당신을 이해해요. 나라도 그렇게 했을 거예요. 지독한 일을 당했으니까. 나 같으면 칼이라도 휘둘렀을 거예요. 나쁜 짓을 한 사람들이니 행복했겠어요? 정말이지 그 두 사람은 행복의 행자도 모르지.

두 사람은 얼마나 지독하게 싸우고 살았는지 몰라요. 만나기만 하면 싸웠지. 사실 내 동생이지만 그년은 형편없는 년이야. 또 랑티에노 마찬가지로 형편없는 놈이고. 그 년놈들이 한 번 붙었다 하면 경찰까지 와야 싸움이 끝났다니까."

베르지니는 그 밖에도 여러 가지 이야기를 했다. 이야기는 끝이 없었다. 7년 동안 제르베즈는 랑티에 소식을 들은 적이 없었다. 그런데 이렇게 옛 남편의 이야기를 듣고 보니 가슴께가 뜨거워졌다. 자기에게 못된 짓을 한 그런 남자에게 이렇게 마음이 쏠릴 줄은 정말 몰랐다.

"그래, 그 두 사람은 아직도 글라시에르에 살고 있어요?"

"당신한테 이야기를 안 했던가요? 두 사람은 일주일 전에 헤어졌어요. 아델르가 옷가지를 싸들고 나갔고, 랑티에는 그녀의 뒤를 쫓아가지 않았어."

"이젠 같이 살지 않는단 말이네요?"

"도대체 누구 이야기를 하는 거예요?"

클레망스가 다른 사람들과 이야기를 하다가 물었다.

"그냥 우리가 아는 사람. 클레망스는 모르는 사람이야."

하고 베르지니가 말했다.

베르지니는 제르베즈가 흥분했다는 것을 알았다. 그리고 갑자기 랑티에가 다시 나타나 당신 주변을 어슬렁거린다면 어떻게 하겠느냐고 물었다. 남자는 알 수 없는 인간이고 랑티에가 첫사랑을 찾아 되돌아올지도 모른다고 이야기했다. 제르베즈는 몸을 똑바로 하고 위엄 있는 태도로 말했다.

"나는 남편이 있는 몸이에요. 랑티에는 안중에도 없어요. 그 사람과는 이제 아무 사이도 아니에요."

"하지만 랑티에 아들이 있잖아요."

"에티엔은 랑티에의 자식이니까 끊을 수 없는 관계죠. 아버지가 자식을 사랑하는데 방해할 수는 없으니까요. 하지만 나는 랑티에가 손가락 하나라도 내 몸을 건드리면 오히려 몸을 찢는 편이 나을 거예요."

그러고는 이야기를 그만두고 싶어서 제르베즈는 종업원들에게 외쳤다.

"이봐요! 세탁물이 저절로 다려진다고 생각해요? 자, 게으름은 그만 피우고 일들 합시다!"

하지만 여자들은 일을 서두르지 않았다.

그 후로 베르지니는 제르베즈에게 랑티에 얘기를 곧잘 들려 주곤 했다. 어느 날 베르지니는 랑티에를 만났다고 했다. 그러나 제르베즈가 대꾸도 없이 가만히 있었기 때문에 그 이상은 아무 소리도 하지 않았다. 그리고 다음 날에는 랑티에가 다정한 말투로 당신 이야기를 많이 하더라고 전해 주었다.

제르베즈는 마음이 적잖이 설레었다. 물론 제르베즈는 자신을 건실한 사람으로 생각했다. 그리고 이 사건으로 남편을 배반하는 일은 없을 것으로 여겼다. 오히려 그녀는 대장장이를 생각했다. 가정 밖에서는 그 남자말고는 애정을 갖고 싶지 않았다.

봄이 오자 제르베즈는 구제에게 가는 일이 잦아졌다. 그녀는 의자에 앉아서 무슨 생각만 하면 이상하게 랑티에 생각이 났다. 랑티에가 아델르와 헤어지고 옷을 챙겨 마차를 타고 이 거리를 떠나는 모습이 떠올랐다. 뒤에서 랑티에의 발소리가 들리는 것 같기도 했다. 랑티에를 다시 만나는 생각을 하면 심장 소리조차 들리지 않을 지경이 되었다. 이런 공포에 사로잡히면 구제만이 그녀의 유일한 피난처가 되었다.

너무나 상쾌한 계절이었다. 제르베즈는 포르트 블랑쉬 거리의 단골 손님에게는 특히 더 신경을 쓰고 세탁물도 손수 배달했다. 그 이유는 금요일마다 가는 이 길이 철공장에 가기에 그럴듯한 구실이 되었기 때문이다. 제르베즈는 공장에 올 때마다 얼굴을 붉혔다. 구제도 제르베즈가 오는 날이면 자기가 일하고 있는 것을 멀리서도 볼 수 있도록 팔과 가슴을 다 드러내고 한층 더 힘차게 철침을 두들겼다.

제르베즈는 구제의 일을 방해하지 않았다. 그녀는 풀무에 매달려 있는 에티엔에게 가서 뺨을 가볍게 두드려 주고 한 시간쯤 그 곳에 서 있었다. 구제와는 열 마디도 하지 않았다. 모주꾼이 아무리 비웃어도 두 사람의 귀에는 들리지 않았다.

어느 날, 철공장에서 돌아오다가 제르베즈는 콜롱브 영감네 목로주점에서 장화와 불고기, 모주꾼이 쿠포와 함께 브랜디를 마시는 것을 보았다. 제르베즈는 쿠포가 브랜디를 마시는 것을 보고 실망했다. 술에 대한 공포가 생겼다. 포도주라면 마셔도 좋지만 브랜디는 반대였다. 술은 독이라고 생각했다. 구트도르 거리에 도착해 보니 아파트 안이 시끄러웠다.

"비자르 영감이 마누라를 때리고 있어요. 지금 자기네 방에서 때려 죽이려는 참이라고요."

클레망스가 제르베즈에게 외쳤다. 제르베즈는 급히 올라갔다. 술에 취하기만 하면 야수가 되는 비자르가 무서워 아무도 싸움을 말리지 못하고 있었다.

"이대로 매를 맞게 내버려 둘 수는 없어요."

그녀는 비자르의 방 안으로 들어갔다. 비자르 부인은 피투성이가 되어 거친 숨을 헐떡이고 있었다.

"이 개 같은 년! 이 개 같은 년!"

비자르는 부인을 계속 발로 밟으며 소리쳤다.

그 때 보슈의 목소리가 들렸다.

"내려오라고! 서로 죽이든 말든! 그래야 형편 없는 것들이 없어지지."

제르베즈와 브뤼 영감이 비자르 영감을 아내에게서 떼어 놓았다. 그러자 그는 미친 듯이 허공을 치면서 자기 자신을 때렸다.

제르베즈는 방 한 구석에 웅크리고 있는 자그마한 랄리를 보았다. 네 살 된 랄리는 아버지가 어머니를 때려 죽이려는 모습을 지켜보면서 얼마 전 젖을 뗀 동생 앙리에트를 두 팔로 안고 있었다.

제르베즈는 비자르 부인을 부축하여 일으켜 세웠다. 부인은 흐느껴 울었다. 랄리는 엄마 곁으로 다가갔으나 이런 일에 익숙해서 엄마가 우는 것을 그냥 바라보고만 있었다. 그 때 클레망스가 외치는 소리가 들렸다.

"쿠포 씨가 건너편 복도에 계세요. 굉장히 취하신 것 같던데요."

제르베즈는 아래층으로 내려갔다.

쿠포는 문을 잘못 밀다가 유리를 깨뜨릴 뻔했다. 제르베즈는 쿠포가 그렇게 된 것이 목로주점의 싸구려 술 때문이라는 것을 알았다. 쿠포는 부축하려는 제르베즈를 밀어젖히고 혼자서 침대로 가면서 아내에게 주먹을 쳐들었다. 제르베즈는 등골이 오싹해졌다. 그러면서 남자들에 대해 생각했다. 남편과 구제와 랑티에에 대해서.

7

제르베즈의 생일은 6월 19일이었다. 쿠포네 집에서는 언제나 가족의 생일에는 음식을 푸짐하게 차렸다. 배가 불러서 일주일 정도는 아무것도 먹지 않아도 될 정도의 음식을 장만했다. 이 때는 집안에 있는 돈을 모두 털어서 잔치를 벌였다.

베르지니는 제르베즈 생일 파티를 적극적으로 찬성했다. 남자들은 힘들게 번 돈을 술로 먹어치우는데 여자도 생일 음식으로 돈을 쓰는 것이 당연하다고 말했다. 제르베즈는 살이 찌면서 다리를 더 심하게 절었다. 다리에 지방질이 붙어 뚱뚱해지자 그만큼 짧게 보여 키가 작아진 것 같았다.

제르베즈의 생일 한 달 전부터 생일 잔치가 화제에 올랐다. 모두들 잔치를 기대하며 입맛을 다셨다. 제르베즈의 걱정은 누구를 초대하느냐는 것이었다. 우선 시어머니, 르라 부인, 구제 모자와 프와송 부부를 불러야 했다. 처음에는 세탁소 여자들은 부르지 않으려고 했다. 하지만 그녀들 앞에서 잔치 이야기를 했기 때문에 초청을 해야 할 것 같았다.

네 사람에 네 사람, 그리고 두 사람, 모두 열 사람이고 보니 둘을 더 보태어 열둘을 만들어야 할 것 같았다. 그래서 얼마 전부터 제르베즈와 화해를 하려고 한 로리웨 부부를 부르기로 했다. 로리웨 부부는 제르베즈의 초대에 응했다. 친척끼리 언제까지나 등을 돌리고 살 수는 없었기 때문이다.

한편 이 화해 소식을 들은 보슈 부부도 친절하게 제르베즈에게 접근했다. 그래서 그들도 초대했다. 어린아이들을 제외하고 모두 열네 사람이 되었다. 이렇게 성대한 잔치를 벌이는 일이 처음이라 제르베즈는 걱정을 하면서도 자랑스럽기까지 했다.

생일은 월요일이었다. 제르베즈는 일요일 오후부터 요리 준비를 하기로 했다. 거위 요리를 하기로 했다. 나머지 음식은 무엇을 해야 할지 여자들은 점심시간 때면 모여서 의논했다. 서로 자기가 제안한 음식이 좋다고 싸우다가 결국 감자를 섞은 돼지고기 스튜로 결정했다.

그 때 베르지니가 상기된 얼굴로 허둥지둥 뛰어들어왔다. 그녀는 오자마자 제르베즈를 안방으로 끌고 들어갔다.

"저 말이야……. 놀라지 마요. 방금 한길 모퉁이에서 누구를 만났는
지 알아요? 바로 랑티에예요. 그 녀석이 이 거리 주변을 어슬렁거리
고 있더라고요. 그래서 달려왔어요. 당신이 걱정되어서 견딜 수가 있
어야지……."

제르베즈는 새파랗게 질렸다.

"왜 하필이면 내 생일 잔치 준비가 한창일 때……."

하지만 제르베즈는 생각보다는 침착했다.

베르지니는 만약에 랑티에가 제르베즈를 쫓아다니면 남편이 경찰에
임명되었으니 원하기만 하면 집어넣도록 하겠다고 말했다. 제르베즈는
가게에 있는 종업원들이 듣는다며 조용히 하라는 눈짓을 하고 다시 가
게로 가서는 천연덕스럽게 요리 이야기를 했다.

일요일 날, 시어머니는 3시부터 음식 준비를 했다. 음식을 만들 냄비

가 부족해 이웃에서 빌려 왔다. 돼지고기 스튜는 두 번 삶는 것이 맛이 좋아 생일 전날부터 만들기로 했다. 여자들은 방해가 될까 봐 쿠포를 밖으로 내쫓았다. 그리고 오후 다섯 시가 되자 베르지니가 나타났다. 그녀는 또 랑티에를 봤다고 했다. 이제는 길거리에 한 발자국만 나가도 랑티에를 만날 것 같았다. 보슈 부인도 랑티에를 봤다. 마침 수프에 쓸 양파를 사러 가려던 제르베즈는 이야기를 듣고는 와들와들 떨면서 밖으로 나가려 하지 않았다.

베르지니가 양파를 사다 주겠다고 했다. 보슈 부인이 쿠포에게 알리는 게 어떠냐고 묻자, 제르베즈는 깜짝 놀라며 한 마디도 말하지 말라고 했다.

사실 쿠포는 랑티에가 이 도시에 다시 나타난 것을 알고 있었다. 쿠포는 잘 때면 욕설을 퍼부으며 주먹으로 벽을 치기도 했다. 제르베즈는 자기 때문에 쿠포와 랑티에가 싸우는 것을 생각만 해도 몸이 떨렸다. 쿠포는 질투심이 강해서 아마 큰 가위를 들고 랑티에에게 덤벼들지도 모르는 일이었다.

마침내 월요일이 되었다. 제르베즈는 만찬에 열네 사람을 초대했기 때문에 모두 다 방 안에 들어갈 수 있을지 걱정하다가 그냥 가게에 상을 차리기로 했다. 아침은 물건을 사는 데 시간을 보냈다. 그런데 이것저것 사다 보니 돈이 떨어졌다. 포도주를 살 돈이 없었다.

그 때 시어머니가 전당포 이야기를 꺼냈다. 제르베즈는 비단 드레스와 결혼 반지를 빼 주었다. 시어머니가 전당포에서 25프랑을 가지고 왔다. 제르베즈는 고급 포도주 여섯 병을 더 사기로 했다. 고급 포도주를 보면 로리웨 부부는 깜짝 놀랄 것이다. 그들 부부를 놀라게 해 주고 기를 죽게 하는 것이 쿠포 부부의 꿈이었다.

시어머니와 제르베즈는 식사 준비를 하면서 로리웨 부부 이야기를 했다. 이 두 사람은 어떻게 해야 로리웨 부부의 기를 팍 죽여 놓을지를 고민했다.

일부러 로리웨 부부 자리에 비싼 그릇과 예쁜 냅킨을 놓기로 했다.

"어머니, 로리웨 부부는 얼마나 인색한지 몰라요. 지난 달에 그 두 사람이 거짓말을 한 거 혹시 아세요? 일거리를 가지고 가다가 금사슬 하나를 잃어버렸다고 사방에 퍼뜨렸잖아요. 그건 어머니께 돈을 드리지 않으려고 한 거짓말이에요. 그 가족은 토끼 고기를 먹을 때 창문을 가리고 먹는답니다. 어머니를 우리가 모시지 않았다면 어머니는 어떻게 되셨을까요? 지금처럼 이렇게 살이 찌진 못하셨겠지요? 커피도 담배도 맛있는 것이라곤 아무것도 드시지 못했을 테니까요."

5시쯤 되자 손님들이 오기 시작했다. 클레망스가 제일 먼저 도착했다. 사람들은 들어오면서 제르베즈에게 키스하고 준비해 온 선물을 내놓았다. 모두들 방 안에 모여 앉았다. 음식 냄새가 풍기자 모두들 코를 벌름거렸다.

제르베즈는 상냥하게 한 사람 한 사람에게 감사의 인사를 했다. 베르지니가 오늘을 위해 이틀 전부터 굶었다고 하자 키다리 클레망스는 한 술 더 떠서 아침에 설사 약을 먹었기 때문에 뱃속이 텅 비었다고 말했다. 그러자 보슈는 소화 방법을 일러 주었다.

"한 그릇을 먹을 때마다 문짝으로 몸뚱이를 누르는 거야. 이렇게 하면 열두 시간 먹어도 끄떡없지. 식사에 초대 받았으니 먹을 수 있을 만큼 많이 먹는 게 예의 아니겠어?"

모두들 음식에 대한 기대로 농담을 할 때 구제가 나타났다. 그는 두 팔에 백장미를 들고 부끄러워서 머뭇거리고 있었다. 그리고 어머니는 좌골 신경통으로 오시지 못한다고 전했다. 그러자 제르베즈는 구제 부인을 위해 거위 구이를 남겨 두겠다고 했다. 이제 쿠포와 프와송만 오면 되었다.

두 사람은 근처를 산책하고 있을 것이다. 6시까지는 돌아온다고 약속을 했다. 수프가 다 만들어져서 르라 부인은 로리웨 부부를 부르러 갔다. 르라 부인은 이 두 가족을 화해시킨 것이 자기라는 듯 의기양양하게 가게 문을 열고 들어왔다.

제르베즈는 로리웨 부인을 보자 먼저 키스를 했다.

"어서 오세요. 이제부터는 친하게 지내요."

"언제까지 사이좋게 지낼 수만 있다면 더 이상 무엇을 바라겠어."

로리웨 부부는 꽃다발 같은 것은 가지고 오지 않았다. 일부러 가지고 오지 않은 것이다. 처음으로 절름발이네 집에 가는데 꽃을 가지고 가면 굴복하는 게 된다고 생각한 것이다.

모두 자리에 앉았다. 제르베즈는 식사를 하기 전에 포도주를 내놓으라고 오귀스틴에게 소리쳤다. 컵에다 포도주를 따르고 각자 컵을 들고 일가의 화합을 축하하며 축배를 했다. 쿠포 어머니는 로리웨 부부의 꼴을 보려고 정면에 자리를 잡고 있었다. 그녀는 제르베즈의 치맛자락을 잡아당겨 안쪽 방으로 데리고 갔다.

"얘, 나는 똑똑히 보았다. 그 애는 식탁을 보자, 말도 마! 얼굴이 이렇게 비틀어지고 입꼬리가 치켜올라가더라. 로리웨도 기가 질린 모양이야. 갑자기 기침을 하더라고."

"참 딱하군요. 저렇게 샘이 많으니 말예요."

벌써 여섯 시 반이었다. 음식이 다 눌어붙어 가고 있었다. 거위는 너무 구워졌는지도 모른다. 실망한 제르베즈는 쿠포를 찾으러 근처의 술집으로 누구든 보냈으면 했다. 구제가 가겠다고 하자 제르베즈가 따라가겠다고 했다. 베르지니는 프와송을 찾으러 같이 가기로 했다.

세 사람은 외출복을 차려입고 무더운 6월의 초저녁에 혼잡한 거리를 헤치고 쿠포와 프와송을 찾으러 나갔다.

아무리 근처 술집을 찾아보아도 쿠포와 프와송은 보이지 않았다. 큰 길 쪽으로 내려가서 모퉁이의 목로주점, 프랑스와네 가게에 다다랐을 때 제르베즈는 작게 소리를 질렀다. 제르베즈는 당장이라도 쓰러질 것 같았다.

베르지니는 제르베즈가 랑티에를 발견했다는 것을 금방 알아차렸다. 그 곳에서 랑티에가 태연하게 저녁을 먹고 있었다. 간신히 구제가 제르베즈를 끌고 그 가게를 지나갔다. 그들은 콜롱보 영감네 목로주점에서 쿠포와 프와송을 발견했다. 구제는 두 여자를 길에 남겨 두고 들어가 쿠포의 어깨에 손을 얹었다. 그러자 쿠포는 제르베즈와 베르지니가 와 있는 것을 보고 화를 냈다.

"누가 여자들을 데리고 왔어? 좋아, 그렇다면 나는 꼼짝 않을 테니 자기들끼리 마음대로 만찬을 즐기라고 해."

쿠포를 달래기 위해 구제는 술 한 잔을 받아야 했다. 얼마 동안 달래서 두 사람을 끌고 나왔다. 오는 길은 랑티에가 있는 식당을 지나야 했기에 두 여자는 쿠포가 한눈을 팔지 않도록 그의 양 옆에 붙었다. 그러나 쿠포는 랑티에를 보았다. 그러고는 제르베즈의 기를 질리게 했다.

"우리 암사슴아. 저기 우리들이 잘 아는 누군가가 있지…… 혹시 나 몰래 이 근처를 방황했다간 그냥 안 놔둘 테야. 당신이 팔뚝을 드러내고 화장을 하는 게 혹시 옛날 애인 때문에 그러는 게 아니야?"

그러다 쿠포는 갑자기 랑티에에 대한 분노에 사로잡혀 이렇게 소리질렀다.

"야, 날강도야! 이 비열한 놈아! 어디 한번 붙어 보자. 창자가 터져서 길바닥에 나가 떨어질 때까지 한번 해 보자."

그러나 랑티에는 바깥의 소란을 모르고 계속 음식을 먹고 있었다. 베르지니는 겨우 쿠포를 끌고 갔다. 다행히 길 모퉁이를 돌자 조용해졌다. 여하간 네 사람은 가게 안으로 들어왔다. 쿠포는 가게 안으로 들어와 건들거리며 사람들에게 악수를 했다. 제르베즈는 가슴이 답답했다. 쿠포는 잠시 바깥으로 나가더니 봉선화 화분을 양 옆에 끼고 나타났다. 그러고는 하나씩 내려놓고 몸을 굽혀 아내에게 키스했다.

"나는 변함없이 당신을 사랑해."

쿠포의 능숙한 솜씨로 가게는 다시 명랑한 분위기가 되었다. 제르베즈도 웃음을 찾았다. 식사가 시작되었다. 수프부터 나왔다. 아이들을 위해서는 옆방에 따로 식탁을 마련해 주었다. 아이들이 있는 방에서는 나나가 여주인 역할을 했다.

정말이지 많이 먹기 대회였다. 어느 누구도 그 날처럼 위장 속에 음식을 퍼넣은 기억이 없었다. 통통하게 살이 찐 제르베즈는 한 입이라도 더 먹으려고 꾸역꾸역 먹어 댔다. 다만 구제한테 그런 모습을 보이는 것이 부끄러웠다. 로리웨 부부는 거위 구이에 달라붙어 원한을 풀고 있었다. 거의 사흘분의 음식을 뱃속으로 집어넣었다. 쿠포는 붉은 포도주가 쏟아져 나와 거품이 나는 걸 보려고 높이 들고 따랐다. 그리고 병이 비면 거꾸로 들고 술을 털었다. 또 한 병을 땄다. 가게 한 구석에는 빈 술병들이 높이 쌓여 갔다.

"교회 다니는 사람들이 뭐라고 하든지 포도주는 역시 대단한 발명이야."

"생각을 해 보라고! 술이 없으면 노동자들이 무슨 낙으로 사느냐 말야. 노아 할아버지도 함석장이, 양복장이, 대장장이를 위하여 포도나무를 심었을 거야. 술은 노동자들에게 휴식을 주고 게으름뱅이 뱃속에 불을 붙여 주지."

그 때 마침 제르베즈는 고급 포도주가 있다는 것을 생각했다. 그것을 가져오자 모두 일어서서 흥겨워했다.

"부인의 건강을 위해서 건배!"

시끄러운 가운데 브뤼 영감과 쿠포 어머니 사이에 얘기가 시작되었다. 영감은 음식과 술로 얼굴이 창백해져서 크리미아 전쟁에서 죽은 아이들 얘기를 했다.

"자식들이 있으면 있는 대로 또 다른 괴로움이 있어요. 글쎄, 나만 해도 여기선 이렇게 행복해 보이지요. 하지만 얼마나 울었다고요. 어딜 가든지 이젠 나에게 일자리를 주지 않아요. 나이가 너무 든 거죠. 내가 일터로 나가면 젊은 것들이 놀려 대지……. 그럴 수밖에……. 나는 이제 아무 짝에도 쓸모가 없으니."

잠시 후, 디저트가 나왔다. 남자들은 파이프에 불을 붙였다. 갑자기 보슈가 일어나서 볼품없는 꼴로 '사랑의 화산'이라는 노래를 불렀다. 1절이 끝나자 우레와 같은 박수가 터져 나왔다. 보슈는 익살스런 유행가를 좋아했다. 3절까지 부르고 나서는 클레망스 쪽을 향해 음탕한 소리로 중얼거리듯 노래했다. 가게의 유리창이 흔들리고 노래 부르는 사람들의 커다란 숨결이 모슬린 커튼을 펄럭이게 했다. 그 사이에 베르지니는 두 번이나 사라졌다가 제르베즈의 귓전에다 작은 소리로 무엇인가 알려 주었다. 세 번째는 이렇게 말했다.

"랑티에가 아직도 프랑스와네 가게에 있더라고요. 신문을 읽고 있는데……. 틀림없이 무슨 못된 짓을 계획하고 있는 것 같아요."

"그 사람, 취했던가요?"

"아니, 그러니까 더 걱정이에요. 안 그래요? 오, 하느님, 제발 아무 일도 없게 해 주세요."

그 때 위트와 부인이 일어서서 노래를 불렀다.

무모한 해적이여
바람을 등지고 우리를 습격해 올 테면 와라.
해적들에게 화 있을지니
젊은이들아, 대포를 준비하라.
술잔 가득히 럼주를 마시라.

　이 노래는 의외로 진지한 노래였다. 항해 경험이 있는 프와송은 일일이 가사의 뜻을 음미하며 고개를 끄덕였다. 위트와 부인 다음에 프와송이 노래를 불렀다. '프랑스의 포도주'라는, 술을 권하는 노래였다. 그리고는 사랑의 노래가 계속되었다. 베르지니가 '사랑스러운 브랜디'를 노래하여 또다시 가게 안이 시끄러워졌다. 베르지니는 한쪽 손을 허리에 대고 팔꿈치를 구부려 술집 여자 흉내를 내며 다른 손목은 술 따르는 시늉을 했다.
　그 다음은 구제가 노래를 불렀다. 구제는 제르베즈가 눈짓을 보내자 노래를 부르기 시작했는데, 정확한 저음으로 노래했다. 구제가 노래하자 사람들은 심장이 두근거렸다. 노래가 끝나기도 전에 박수를 쳤다.
　"이번엔 브뤼 영감님."
하고 쿠포 어머니가 말했다. 모두들 노인에게 어서 노래하라고 주문을 했다. 그는 잠시 고민하다가 공허한 목소리로 웅얼거렸다.

　　트라 라 라, 트라 라라

　그의 얼굴에 생기가 돌았다. 이 후렴이 옛날의 즐거움을 떠오르게 하였다.
　그 때 베르지니가 제르베즈의 귀에다 대고 속삭였다.

"또 갔다 왔어. 그런데 랑티에가 프랑스와네 가게에서 사라졌어. 어디로 간 걸까? 오, 맙소사! 랑티에가 저기 있잖아. 저기 건너편에서 이쪽을 보고 있어."

제르베즈는 가슴이 덜컥 내려앉았다. 하지만 용기를 내어 밖을 쳐다보았다. 거리에는 많은 사람들이 있었다. 제르베즈의 생일 잔치를 구경하는 사람들인 것 같았다. 그 사람들 틈에 랑티에가 있었다. 그는 맨 앞줄에 서서 침착하게 가게를 바라보고 있었다. 제르베즈는 발끝에서부터 심장까지 섬뜩해졌다. 브뤼 영감은 계속해서 노래를 불렀다.

투르 라 라, 투르 라라.
투라 라, 투르 라, 투르 라라!

그러다가 갑자기 노인은 가사를 잊어버렸는지 목소리가 작아졌다. 노래를 마치자 쿠포는 술을 내오라고 했다. 클레망스는 딸기를 먹으면서 오늘 아침 집에서 목을 매고 죽었다는 여자 이야기를 화제로 올렸다. 그 이야기도 시시해지자 르라 부인이 노래를 할 차례라고 사람들이 말했다.

어머니가 버린 불쌍한 아이는
언제나 성당이 보금자리입니다.
하느님이 그 자리를 지켜주시니
버림 받은 아이는 하느님의 아들입니다.

제르베즈는 랑티에가 바로 앞에까지 와 있어서 너무나 괴로웠다. 르라 부인의 노래가 마치 자기의 고통을 노래하는 것 같아 눈물이 났다.

그리고 버림 받은 자기를 하느님이 지켜주실 거라는 생각을 했다.

곤드레만드레가 된 클레망스가 갑자기 울음을 터뜨렸다. 그러자 침묵이 번졌다. 부인들은 손수건을 꺼내 눈물을 닦았다. 숙연해지는 모습을 보고 르라 부인은 더욱 슬픈 목소리로 노래를 불렀다. 남자들은 얼굴을 숙인 채 우두커니 앉아서 노래를 들었다. 갑자기 가게 안이 경건해졌다.

그러나 제르베즈와 베르지니는 건너편 랑티에로부터 시선을 뗄 수가 없었다. 마침내 보슈 부인까지 랑티에를 발견했다. 그리고는 외마디 비명을 질렀다.

'아, 쿠포가 랑티에를 보면 어쩌지……. 살인이 벌어질지도 몰라.'

여자들은 안절부절못했다. 이 모습을 보고 쿠포가,

"대체 뭘 보고 이렇게 사색이 된 거요?"

라고 말하다가 그만 랑티에를 보았다.

"저런, 뻔뻔스러운 놈! 저 더러운 건달이 여긴 왜 나타난 거야? 끝장을 내고 말겠어!"

쿠포가 무섭게 말하며 의자에서 일어섰다. 제르베즈는 낮은 목소리로 쿠포에게 애원했다.

"부탁이에요. 제발 그 칼은 내려놓아요. 그냥 자리에 앉아요. 무서운 짓은 하지 말아요."

하지만 소용이 없었다. 쿠포는 씩씩거리며 가게 밖으로 나갔다.

제르베즈는 소리를 지르지 않으려고 손으로 입을 막았다. 두 남자 중한 사람이 죽게 되는 것은 아닌가 불안해서 전신이 얼어붙는 것 같았다.

쿠포는 랑티에에게 달려갔다. 그리고 랑티에에게 덤벼들려고 하다가하마터면 시궁창 속에 빠질 뻔했다. 랑티에는 손을 주머니 속에 넣은채 살짝 비켰다. 두 남자는 서로 욕을 해 댔다. 특히 쿠포는,

"이 미친 놈아"

하며 소리소리 질렀다.

제르베즈는 겁이 나서 눈을 감아 버렸다. 금방이라도 무슨 일이 일어날 것만 같았다.

하지만 너무나 조용해서 제르베즈는 눈을 떴다. 그녀는 남자들이 조용히 이야기를 하는 것을 보고 넋을 잃고 말았다. 서로 개자식이라는 소리를 했지만 그 말투 속에는 우정 같은 것이 엿보였다.

"나는 진심으로 이야기하고 있어. 한 잔 마시자고. 남자는 한 잔 마시면서 화를 푸는 거야."

쿠포는 랑티에를 떠밀어 억지로 가게 안으로 데리고 들어왔다.

이 자리에서 랑티에를 알아 보는 사람은 베르지니와 보슈 부인 외에는 없었다. 로리웨 부부는 영문도 모른 채 새침하게 앉아 있었다. 구제는 제르베즈가 당황해하는 것을 눈치챘다. 그리고 이 낯선 남자를 바라보았다. 쿠포는 사람들에게 '내 친구입니다.' 라고 말했다. 그리고 아내를 향해 말했다.

"뜨거운 커피를 한 잔만 부탁해."

제르베즈는 멍한 시선으로 두 남자를 번갈아 바라보았다. 쿠포가 전 남편인 랑티에를 데리고 가게로 들어왔을 때 제르베즈는 두 손으로 머리를 감싸 쥐었다.

'어떻게 이런 일이 있을 수 있단 말인가!'

거위고기를 먹은 것이 체한 것 같기도 했다. 그녀는 더 이상 아무것도 생각할 수가 없었다.

8

그 다음 토요일에 쿠포는 저녁을 먹으러 들어오지 않더니 10시 쯤에 랑티에를 데리고 왔다. 두 사람은 몽마르트의 토마네 식당에서 양고기를 먹고 오는 길이었다.

"잔소리는 하지 마, 주인 마님. 당신도 알다시피 우린 둘 다 착한 사람들이야. 이 사람과 같이 있으면 즐거워. 어떤 길을 가야 할지 가르쳐 주거든."

잔치 소동 이후, 제르베즈는 언젠가는 옛 애인을 만나게 될 거라고 각오는 하고 있었다. 그런데 막 잠자리에 들려고 하는 시각에 불쑥 두 사람이 나타나자 적잖게 당황했다. 세탁 일을 하는 여자들은 퇴근하고 없었다. 쿠포 어머니와 나나는 조금 전 잠자리에 들었다.

랑티에는 제르베즈에게 직접 말을 건네지 않고 우두커니 서 있었다. 쿠포가 제르베즈에게 술을 한 잔 따르라고 했다.

쿠포는 두 사람을 보며 이렇게 생각했다.

'이 두 사람은 어리석은 짓은 하지 않아. 이젠 모두 지난 일이야……. 정말이지 난 아무렇지도 않아. 이 두 사람이 정직하다는 것을 난 알고 있어.'

랑티에는 쿠포에게 이렇게 말했다.

"여동생이지요. 이젠 여동생일 뿐입니다."

"자, 두 사람 악수를 하라고. 우정보다 더 좋은 건 없어."

쿠포의 말에 세 사람은 말 없이 건배를 했다. 제르베즈는 랑티에를 바라보았다. 랑티에는 살이 쪄서 통통했다. 게으른 생활로 얼굴은 부은 것 같았지만 말쑥한 이목구비는 예전 그대로였다. 서른다섯이라는 나이

가 믿기지 않을 정도로 근사했다.

쿠포는 랑티에에게 앞으로 이 가게 앞을 지날 때에는 꼭 들르라고 말했다. 그 사이에 자리를 비웠던 제르베즈가 잠이 덜 깬 에티엔을 데리고 돌아왔다. 에티엔은 랑티에를 보더니 어머니와 쿠포를 불안하게 쳐다보며 몹시 수줍어했다.

"저 아저씨 모르겠니?"

하고 쿠포가 물었다. 에티엔은 안다는 표시로 고개를 끄덕였다.

"그럼 어서 가서 키스를 해 드려야지."

랑티에는 침착하게 아들의 키스를 기다렸다. 에티엔이 키스를 하자 랑티에도 아들의 이마에 입을 맞췄다.

그날 밤 이후로 랑티에는 구트도르 거리에 자주 나타났다. 쿠포가 집에 있을 때만 골라서 찾아와 인사를 하고 쿠포를 만나기 위해서 온 것처럼 했다. 언제나 말쑥한 모습으로 옷을 입고 제대로 교육을 받은 사람처럼 품위 있게 행동했다.

쿠포 부부는 랑티에의 생활을 차츰 알게 되었다. 그는 지난 8년 동안 모자 공장을 경영했다. 왜 그만두었느냐고 물어 보았더니 동업자가 나쁜 놈이었다고 말했다. 그는 자기 사업이 망한 것에 푸념을 늘어놓으면서, 일자리라도 소개해 주려고 하면, 남을 위해서 고생하다가 굶어죽고 싶지는 않다고 말했다.

어느 날 아침, 쿠포는 몽마르트르에서 구두를 닦는 랑티에를 본 적이 있었다. 남의 일에 대해서는 이러쿵저러쿵 말이 많은 랑티에였지만 자신의 일에 대해서는 입을 다물거나 거짓말을 했다.

11월 초순이었다. 어느 날, 랑티에는 제비꽃다발을 들고 와서 제르베즈와 일하는 여자들에게 나누어 주었다. 점차 가게를 찾아오는 횟수가 늘어나 이제는 날마다 오다시피 했다.

랑티에는 먼저 클레망스와 위트와 부인을 유혹하기 시작했다. 랑티에는 나이에 상관없이 온갖 친절을 다 베풀었다. 한 달이 되기 전에 두 여자는 랑티에에게 홀딱 반했다. 그는 관리실 보슈 부부도 찾아가서 기분을 맞춰 주었다. 보슈 부부는 랑티에의 예의바름에 감탄하고 말았다.

로리웨 부부는 잔칫날 이 사나이의 정체를 알고부터 옛 애인을 끌어들인 제르베즈에게 온갖 욕을 다 했다. 그러나 랑티에가 로리웨 부부를 찾아가 아는 부인에게 선물한다며 금줄을 만들어 달라고 하자 금방 태도를 바꾸었다. 뿐만 아니라 이렇게 멋진 남자가 왜 절름발이 여자와 살았는지 모르겠다며 이상하게 생각했다. 랑티에는 구트도르 거리 전체의 호감을 사는 데 성공했다. 구제만이 시무룩한 표정을 지었다. 구제는 집에 왔다가도 랑티에가 들어오면 나가 버렸다.

처음 몇 주 동안 제르베즈는 매우 불안했다. 제르베즈가 제일 두려워한 것은 밤에 혼자 있는 것이었다. 그럴 때 불쑥 랑티에가 찾아와서 끌어안기라도 하면 도저히 저항할 기력이 없을 것 같았기 때문이다.

그러나 랑티에는 품행이 단정해서 다른 사람이 보지 않는 틈을 타서 제르베즈를 슬쩍 만지는 일은 없었다. 그래서 차차 마음이 가라앉았다. 거기다 제르베즈의 마음을 읽고 있는 베르지니가 제르베즈의 생각을 나무랐다.

"걱정하지 마요. 랑티에가 생각보다는 점잖은 거 같아요."

어느 날 아침 클레망스가 가게에 나오자마자 어젯밤에 랑티에가 어떤 여자와 팔짱을 끼고 걸어가는 것을 보았다고 말했다. 그리고 제르베즈의 안색을 살피려고 더 짓궂게 말했다.

"여자는 금발의 창녀였어요. 두 사람은 어떤 방으로 함께 올라가던데요."

제르베즈는 그 소리에 반응하지 않고 침착하게 드레스를 다림질했다.

가끔씩 입가에 미소까지 지으며 이렇게 말했다.

"프로방스 남자들은 여자 꽁무니를 따라다니는 데 일가견이 있답니다."

밤에 랑티에가 오자 클레망스는 금발 여자 이야기로 랑티에를 놀려댔다. 랑티에도 남에게 들킨 것을 오히려 기뻐하는 눈치였다.

"옛날에 사귀던 여잔데 지금도 가끔 만나지. 아주 멋있는 여자야."

그러고는 옛날 애인 이름을 하나씩 들추었다.

봄이 되자 이미 한 식구나 다름없이 되어 버린 랑티에가 친구들과 가까이 살고 싶다고 했다. 그는 깔끔한 집에 가구가 몇 개 있는 방을 원했다. 보슈 부인과 제르베즈가 그런 방을 구해 보려고 했지만 랑티에의 요구가 너무 까다로워 쉽지 않았다. 며칠 지나다 보니 랑티에가 제르베즈네 가게와 같은 집을 갖고 싶어한다는 것을 알았다.

"쿠포네 집은 흠잡을 데가 없단 말이야."

어느 날 저녁, 랑티에는 쿠포네 집에서 저녁을 먹고 또 방 이야기를 꺼냈다. 허물 없는 사이가 된 쿠포가 별안간 이런 말을 했다.

"방을 구하기가 그렇게 어려우면 여기 와서 살지 그래……. 세탁물을 넣어 두는 방도 청소만 하면 깨끗해지고 에티엔은 가게에서 자면 되니까."

"호의는 감사하지만 그럴 수는 없네. 그리고 저마다 자유라는 게 있어. 나는 당신들의 방을 지나다녀야 하는데……. 그건 너무 거북한 일이야."

"그런 걱정일랑 하지말고 마음 푹 놓고 그냥 우리 집에서 살게."

잠시 침묵이 흐른 뒤 랑티에가 중얼거렸다.

"그렇다면 좋아. 하지만 너무 폐를 끼쳐서 미안하네."

랑티에는 제르베즈를 쳐다보지 않았다.

제르베즈는 남편과 생각이 달랐다. 랑티에가 이 집에 와서 사는 것이 불쾌하거나 불안하지는 않았다. 다만 더러운 세탁물을 넣어 둘 장소가 걱정이었다.

쿠포는 랑티에가 이 집에 와서 살면 여러 가지 이점이 있다고 했다. 이 친구가 가구 딸린 방에 매달 20프랑씩 낸다면 서로에게 이득이라고 생각했다. 그리고 세탁물을 넣어 둘 큰 상자를 만들어 주겠다고 했다. 제르베즈는 시어머니와 의논해 보겠다고 했다.

랑티에는 몇 달 전부터 단맛이 나는 껌으로 쿠포 어머니의 마음을 사로잡아 놓은 상태였다. 이렇게 해서 랑티에는 쿠포네 집에 살게 되었다.

랑티에는 6월 초에 이사를 왔다. 이사 오기 전날 쿠포는 30수의 마차 삯을 덜어 주려고 그의 집까지 트렁크를 가지러 가겠다고 했다. 하지만 랑티에는 극구 사양을 하며 자기가 살던 집을 숨기고 싶어했다.

오후 3시경 랑티에가 도착했을 때 쿠포는 집에 없었다. 제르베즈는 마차 위에 있는 랑티에의 트렁크를 보고 하얗게 질렸다. 몇 번이나 꿈에서 그 트렁크를 본 적이 있었다. 건방진 금속 연마공 계집애랑 바람이 나서 도망을 칠 때 가지고 갔던 그 트렁크였다.

보슈가 와서 랑티에의 이삿짐을 날라 주었다. 마침 프와송이 경찰 정복 차림으로 가게 앞을 지나갔다. 제르베즈는 가게 안으로 들어오라고 하며 술을 권했다.

"난, 누구라고! 자네였군, 바뎅그!"
하며 랑티에가 말했다. 랑티에는 황제를 경멸하여 농담으로 순경을 바뎅그라고 불렀다.

"황제도 런던에서는 순경이었소."
하고 보슈가 말했다.

"정말이야. 주정뱅이 여자들을 붙잡아 가곤 했었지."

제르베즈는 테이블 위에 석 잔의 술을 놓았다. 그녀는 트렁크 속이 궁금해 랑티에가 트렁크를 여는 것을 보려고 그 자리에 서 있었다. 그녀는 트렁크 한쪽 구석에 처박혀 있던 옷가지들이 생각났다.

'그런 것이 아직도 저기 있을까?'

세 남자는 건배를 했다. 그리고 마침내 랑티에가 트렁크를 열었다. 거기에는 신문지, 책, 헌옷, 때묻은 셔츠 등이 뒤범벅되어 있었다. 제르베즈는 그 물건 중에 자기와 함께 살던 시절의 것들이 있는지 바라보았다. 랑티에는 책과 신문을 장롱 선반에 꽂았다. 그리고 테이블 위에 조그만 책꽂이가 있었으면 하는 눈치를 보였다. 제르베즈는 하나 마련해 주겠다고 했다. 그는 책이 많다는 것에 우쭐댔다. 특히 신문에 대해서는 더 그랬다.

"어때? 이건 내가 신문의 사설을 모은 것들이야. 이 신문에 나와 있는 생각을 절반이라도 지키고 산다면 이 사회는 깨끗해질 거야. 암! 자네의 황제도, 부하 경관들도 모두 깨끗해질 거라고."

처음 한동안은 세탁소의 모든 것이 어수선했다. 새로운 식구가 왔기 때문이다. 쿠포가 만들어 주기로 했던 세탁물 상자를 만들어 주지 않아 가게는 지저분해 보였다. 거기다 밤마다 에티엔의 잠자리를 만들어 주는 것이 귀찮았다. 가게에 일이 많으면 여자들이 밤일을 하게 되었고 아이는 일을 마칠 때까지 의자에 앉아 졸아야 했다.

구제가 마침 옛날 자기 주인이었던 기계상이 릴에서 견습공을 구한다며 에티엔을 그 곳으로 보내면 어떻겠느냐고 했다. 제르베즈는 좋다고 했다. 게다가 아이도 집에서는 별로 재미가 없어서 독립을 하고 싶어했다. 하지만 에티엔의 친아버지인 랑티에가 반대를 하면 어떻게 하나 걱정했다. 랑티에가 아들 가까이에서 살고 싶어 이 곳을 찾아왔으리라 생각했으니까.

하지만 랑티에는 찬성이었다. 에티엔이 떠나는 날 아침, 랑티에는 노동자의 권리에 대해 일장 연설을 했다.

"생산자는 노예가 아니다. 그리고 생산자가 아닌 자는 모두 도둑이라는 것을 명심해라."

에티엔이 떠나자 집안은 예전과 같은 생활로 돌아갔다. 제르베즈는 때묻은 세탁물이 흩어져 있는 것에도 랑티에가 서성거리는 것에도 익숙해졌다.

랑티에는 여전히 큰 사업을 할 거라고 말했다. 말끔하게 옷을 차려입고 외출하는 일도 많았다. 그는 평소에 열 시쯤 일어나서 날씨가 좋으면 산책을 하고 비가 오면 가게 안에서 신문을 보았다. 세탁소 여자들의 천박한 말투를 좋아하면서도 자기는 고상한 말을 썼다.

랑티에는 이사를 와서 처음에는 나가서 식사를 했다. 그러더니 일주일에 서너 번은 쿠포 부부와 함께 저녁을 먹었다. 그러다가 마침내는 토요일마다 15프랑을 내겠으니 식사를 여기서 하고 싶다고 했다.

이렇게 하여 랑티에는 완전히 가게에 눌러앉고 말았다. 아침부터 밤까지 가게와 방을 드나들었다. 급기야는 손님 접대까지 하고 가게 일까지 지시했다.

프랑스와네 가게의 술이 마음에 들지 않는다며 석탄 가게 비구루네 집에서 사라고 제르베즈에게 말했다. 쿠드르네 가게의 빵이 맛이 없다며 메이네의 빵 가게로 오귀스틴을 보냈다. 그리고 식료품 가게도 바꾸고 말았다. 그러나 폴롱소 거리의 정육점 뚱보 샤를르만은 그대로였다. 이것은 랑티에와 정육점 주인의 정치적 견해가 같았기 때문이다.

한 달이 지나자 랑티에는 어떤 음식에나 기름을 치려고 했다. 그리고 바싹 구운 스테이크를 주문하고 무엇에나 마늘을 넣었다. 랑티에는 점차 이 집안의 사사로운 일까지 참견하게 되었다.

이렇게 1년이 지났다. 제르베즈는 쉬지 않고 돈을 벌었다. 하지만 하는 일 없이 빈둥거리는 두 남자를 먹여 살려야 했고 경기가 나빠진 탓에 손님이 줄었다. 사실 랑티에는 방값도 식비도 전혀 내지 않았다. 처음에는 얼마씩 돈을 내더니 나중에는 한꺼번에 내놓겠다는 말만 되풀이했다.

"내가 나중에 한 건 하면 다같이 계산해 줄게. 얼마 안 되는 돈 가지고 너무 몰아붙이지 말라고."

하지만 제르베즈는 랑티에 때문에 외상이 불어났다. 방을 꾸미면서 가구상이나 미장이, 목수와 칠장이에게 지불할 돈도 한 푼도 주지 못했다. 마침내 제르베즈는 옴짝달싹 못 하게 되었다. 그러다 한여름에 클레망스가 가게를 그만두었다. 일거리도 없었고 급료가 밀렸기 때문이다. 가게가 파산 상태임에도 쿠포와 랑티에는 그저 게걸스럽게 먹어 대기만 했다. 이 두 남자는 장사를 엉망진창으로 만들면서 살만 쪄 가고 있었다.

이웃 사람들은 랑티에와 제르베즈가 예전 관계로 되돌아갔느냐를 놓고 화제로 삼았다. 이 점에 대해서는 의견이 구구했다. 로리웨의 말을 들으면 절름발이 여자가 랑티에의 마음을 사로잡으려고 온갖 짓을 다하는데 남자 쪽에서 반응이 없다고 했다. 여자가 너무 나이 먹고 가난에 찌들었기 때문이라고 했다.

사람들은 이 세 사람의 관계를 이해하지 못했지만 세상에는 별 이상한 일도 있는 법이라는 말로 마무리짓곤 했다. 거기에다 세 사람은 싸움도 하지 않았고 그런 대로 예의를 지키며 살고 있었기 때문이다.

제르베즈는 이웃들의 쑥덕거림에 별로 개의치 않았다. 그리고 랑티에에 대해서도 별로 관심도 없었다. 여자들은 그것을 이해할 수 없었다. 쿠포의 큰누나 르라 부인은 밤마다 가게를 찾아왔다. 르라 부인은 랑티에가 아무리 정숙한 부인이라도 반할 남자라고 생각했다. 보슈 부인도 자기가 10년만 젊었다면 정조를 지키지 못했을 것이라고 말했다.

하지만 제르베즈는 예외였다. 랑티에에게 매력을 느낄 수 없었다. 제르베즈는 랑티에에게 열을 올리는 여자들을 이해할 수 없다고 말했다. 그러자 르라 부인과 베르지니는 제르베즈를 떠 보느라고 랑티에와 키다리 클레망스가 잠을 잤다고 말해 주었다. 제르베즈가 일을 보러 나갔을 때 랑티에가 자기 방으로 클레망스를 끌어들였다는 것이다.

"그게 나와 무슨 상관이죠?"

라고 제르베즈는 대꾸했다.

하지만 좋지 않은 일이 생겼다. 마을 사람들이 자기를 지지해 준다는 것을 안 랑티에는 지금까지 제르베즈를 유혹하지 않다가 태도를 바꾼 것이다. 랑티에는 제르베즈에게 성가시게 굴었다. 제르베즈 옆을 지나 갈 때면 무릎을 스커트 안으로 밀어 넣고 목덜미에 숨결을 불어 댔다.

그러던 어느 날 밤, 단둘이 있을 때 랑티에는 제르베즈 앞으로 다가 오더니 그녀를 가게 안쪽 벽으로 밀고 가서 입을 맞추려고 했다.

그 때 구제가 들어왔다. 제르베즈는 몸부림을 치면서 빠져 나왔다. 세 사람은 아무 일도 없었던 것처럼 두서너 마디 말을 했다. 구제는 자기가 두 사람을 방해했다고 생각했다. 제르베즈가 몸부림을 친 것은 다른 사람이 보는 데서 입을 맞추는 것을 원하지 않았기 때문이라고 생각했다.

이튿날 제르베즈는 발을 동동 굴렀다. 비참한 기분이었다. 어떻게 해서라도 구제를 만나 변명하고 싶었다. 그러나 에티엔이 릴로 가 버린 후에는 철공장으로 구제를 찾아갈 용기가 나지 않았다. 모주꾼이 짓궂게 놀려 댈 것 같았기 때문이다.

그러나 오후가 되자 견딜 수가 없어서 세탁물을 배달한다는 구실로 가게를 나섰다. 볼트 공장 앞에 이르자 우연히 구제와 마주칠 것을 기대하며 왔다갔다했다. 제르베즈는 5분쯤 지나 구제를 만났다.

"볼일 보러 오셨습니까?"

구제가 힘없이 웃으며 말했다.

두 사람은 어깨를 나란히 하고 몽마르트르 쪽으로 올라갔다. 공장 근처에서 만나는 것이 남의 눈에 띄면 좋지 않을 것 같았기 때문이다. 두 사람은 고목 밑에 나란히 앉았다. 두 사람 앞의 몽마르트르 언덕에는 초록빛 수목 속에 황색과 회색의 높은 건물들이 잇달아 솟아 있었다. 좀더 위를 쳐다보면 도시 위로 맑은 하늘이 펼쳐져 있고 흰구름이 두둥실 떠 가고 있었다.

변명하고 싶었는데 제르베즈는 입이 떨어지지가 않았다. 하지만 구제는 제르베즈가 무슨 일로 여기까지 왔는지 알고 있었다. 간밤의 일은 마치 무거운 짐처럼 두 사람 사이에 남아 두 사람의 기분을 어색하게 만들었다.

그래서 제르베즈는 눈물을 글썽거리며 엉뚱하게도 비자르 부인의 임종 이야기를 했다. 비자르 부인은 그 날 아침 세상을 떠났던 것이다.

"비자르가 발로 걷어 차서 그렇대요. 배가 부어 있었어요. 사흘 동안 배가 아파 뒹굴더니……. 그 착한 아내를 왜 때렸는지 모르겠어요. 그래요, 바로 술 때문이죠."

구제는 입을 다물고 손으로 풀을 뜯고 있었다.

"아직 두 주일도 안 되었어요. 막내가 젖을 뗀 게 말이에요. 그 어린 랄리가 아기 둘을 돌봐야 해요. 아직 여덟 살도 안 되었는데……. 그런데도 그 아버지는 자기 딸을 마구 때린답니다. 정말! 고생하기 위해 이 세상에 태어나는 사람도 있나 봐요."

구제는 제르베즈를 바라보더니 별안간 이렇게 말했다.

"당신이야말로 어제 나를 괴롭게 했어요. 그래, 정말 괴로웠어요…….
알고 있습니다. 그렇게 될 줄 알고 있었습니다. 하지만 적어도 나한테
만은 사실을 말해 주었으면……. 그랬으면 나도 당신 때문에 애를 태
우지 않았을 텐데……."

이웃 사람들이 생각하듯 구제도 제르베즈와 랑티에가 그전의 관계로
되돌아갔다고 생각한 것이다. 제르베즈는 손을 내밀며 소리쳤다.

"아니에요. 절대 아니에요. 맹세해도 좋아요. 랑티에가 나를 억지로
밀어붙이고 입을 맞추려고 한 거예요. 정말이에요. 제발 믿어 줘요."

하지만 구제는 고개를 가로저었다. 여자는 이런 경우에 언제나 아니
라고 말하는 법이라고 생각했다.

그러자 제르베즈는 진지하게 말을 했다.

"구제 씨, 당신은 나를 잘 알고 있지요? 내가 거짓말쟁이가 아니라는

걸 말예요. 정말 그런 일은 없었어요. 앞으로도 결코 없을 거예요. 만일 그렇게 된다면 나는 인간 쓰레기예요."

제르베즈의 말이 얼마나 아름답고 솔직했던지 구제는 제르베즈의 손을 잡았다. 이렇게 손을 꼭 잡아 보기는 처음이었다. 두 사람은 아무 말도 하지 않았다. 하늘에는 흰구름이 천천히 흘러가고 있었다.

"당신 어머니는 나를 원망하고 계시죠? 그럴 수밖에요. 당신에게 너무 많은 돈을 빌려 쓰고 있는걸요."

"저어, 오래 전부터 당신에게 할 말이 있었어요……. 당신은 지금 행복하지 않습니다. 어머니는 당신이 점점 힘들어지고 있다고 말씀하십니다……. 그래서 말인데, 우리 함께 멀리 떠나는 게 어떨까요?"

제르베즈는 가만히 구제를 쳐다보았다. 지금까지 한 번도 사랑을 털어놓은 적이 없었던 구제가 너무도 당돌하게 자기 마음을 내보였기 때문에 처음에는 그 말이 무슨 뜻인지 깨닫지 못했다.

"어떻게 그런 말을?"

마침내 제르베즈가 놀란 표정으로 물었다.

"어디 가서 함께 살아요. 괜찮다면 벨기에라도 가요. 거긴 내 고향이나 다름없어요. 둘이서 열심히 일하면 우린 분명히 형편도 좋아지고 행복할 수 있을 거예요."

하지만 제르베즈는 분별 있는 태도로 거절했다.

"그럴 수는 없어요. 그건 좋지 않은 일이에요. 저는 결혼을 했고 아이들도 있어요. 구제 씨가 저를 좋아하는 것도, 그리고 괴로워하는 것도 잘 알고 있어요. 하지만 그런 행동은 후회하게 될 일을 만드는 거예요. 이대로 있는 편이 좋아요. 서로의 마음을 잘 알았으니 우린 힘을 얻었어요. 지금처럼 성실하게 서로를 생각한다면 언젠가는 좋은 일이 있을 거예요."

사실 제르베즈는 자기가 장담하는 만큼 랑티에에게 단호할 수 있다고 생각하지는 않았다. 물론 랑티에가 자기 몸에 손가락 하나 대지 못하게 하겠다는 결심은 하고 있었다. 하지만 만일 랑티에가 접근해 오면 그의 뜻대로 될 것 같았다.

하지만 랑티에는 제르베즈에게 더 이상 이상한 짓을 하지 않았다. 이번에는 내장 가게 부인에게 마음을 두는 것 같았다. 내장 가게 여자는 마흔다섯이나 되었지만 아직 젊었다.

쿠포는 이웃에게,

"랑티에는 내 친구야!"

하며 떠벌렸다.

물론 쿠포도 랑티에가 좀 오만하다고 생각했다. 책을 읽고 변호사 같은 말을 한다며 놀리기도 했다. 하지만 그런 대로 괜찮은 사람이라고 생각했다.

온 동네를 찾아 봐도 랑티에만한 사람이 없다는 생각이 들었다. 말하자면 쿠포와 랑티에는 서로 이해했고 호흡이 맞았다. 남자들의 우정은 여자와의 사랑보다 더 굳은 법이다.

사실 랑티에와 쿠포는 한통속이 되어 바람을 피웠다. 랑티에는 세탁소에 돈 냄새만 나면 제르베즈에게 돈을 빌려 갔다. 그 때마다 언젠가 크게 벌어서 갚는다는 소리를 했다. 돈을 꾸어 간 날은 쿠포를 불러 먼 곳에 볼일이 있다며 끌고 갔다. 그러고는 레스토랑에 가서 집에서는 볼 수 없는 음식을 시켰다.

쿠포는 목로주점에서 싸구려 술을 마시는 것을 좋아했다. 하지만 랑티에는 비싼 술과 음식을 좋아했다. 또한 음식이 나오면 트집을 잡고는 다시 바꿔 오라고 크게 소리를 쳤다. 사람들은 랑티에 앞에서 쩔쩔맸다.

랑티에가 세탁소에 들어오고부터 쿠포는 연장에 손을 대지 않았다. 궁색한 살림살이가 싫어서 다시 일을 하러 가면 랑티에가 일터까지 찾아와 한 잔 하러 가자고 소리쳤다. 그러면 쿠포는 일을 내동댕이친 채 며칠이고 마시면서 놀았다. 근처의 목로주점을 샅샅이 훑고 아침 술이 낮에 깨면 저녁때 또 술을 마셨다.

하지만 랑티에는 곤드레만드레가 될 때까지 마시는 일이 없었다. 쿠포를 취하게 해 놓고는 싱글벙글 웃는 얼굴로 혼자 돌아왔다.

11월 초에 쿠포는 아주 고약한 일을 저질렀다. 그 전날 그는 일거리를 하나를 찾았다. 랑티에가 이번에는 노동은 인간을 훌륭하게 한다며 일하기를 권했다. 아침이 되자 쿠포는 일터로 떠나려고 했다. 그러자 랑티에가 일을 하기에 앞서 성실하게 일하는 것을 축하하자면서 브랜디에 담근 매실을 꼭 하나만 먹자고 했다. 그래서 술집으로 갔다. 마침 불고기 녀석이 카운터 앞에 앉아 파이프 담배를 피우고 있었다.

"어이, 불고기! 아침부터 왜 이렇게 시무룩해?"

"사장이라는 녀석들은 모두 재수 없어. 난 이제 일터에서 나와 버렸어."

랑티에는 불고기의 말을 듣고 오히려 사업주들을 변호했다.

"나는 사업을 해 봐서 잘 알아. 노동자들도 불한당이야. 언제나 술만 마시고 일은 하찮게 여기지. 일 좀 하자고 해도 거들떠보지 않다가 빈털터리가 되면 다시 어슬렁거리며 기어오지. 그러다 또 급료를 주면 며칠이고 일도 하지 않고 술이나 마셔 대고 말야."

그러더니 이번에는 사업주들을 공격했다.

"사업주들은 더러운 놈들이야. 염치없는 착취자들이야. 사람을 잡아 먹는 인간들이지. 하지만 나는 떳떳해. 고용인들을 항상 친구처럼 대했으니까……. 이봐, 이젠 나가자고. 성실하게 일을 해야지. 이렇게 있다간 늦어."

밖은 이제 겨우 밝아지기 시작했다. 쿠포는 연장 주머니를 어깨에 메고 힘차게 걸어갔다. 그러면서 뒤에 걸어오는 불고기에게 물었다.

"불고기, 자네 혹시 일할 생각이 있나? 주인이 일꾼 하나를 데리고 오라고 했거든."

"고마워. 난 걱정 마……. 장화한테나 말해 주게. 그 녀석, 어제 보니 일자리를 찾던데……. 잠깐, 장화 녀석 아마 저 안에 있을 거야."

길을 다 내려갔을 때 콜롱브 영감의 집에서 장화를 발견했다. 랑티에는 10분밖에 남지 않았다며 서두르라고 했다.

"뭐라고? 부르고뉴 놈한테 일하러 간다고?"

장화는 쿠포의 말을 듣고 소리를 쳤다.

"그런 데서 착취를 당하다니……. 난 싫어. 이봐, 거기선 사흘도 못 견딜걸. 그놈 얼마나 고약한데!"

"정말이야?"

"이만저만한 게 아니야. 줄곧 잔소리만 하고. 어휴, 그놈 생각만 해도 지겨워. 난 하룻만에 그 집에서 뛰쳐나왔어."

"그래…… . 나도 그런 놈은 비위가 안 맞아. 오늘은 일단 가기로 했으니까 한번 가 봐야겠어. 주인이 정말 시끄럽게 굴면 두들겨 패 줘야지."

쿠포는 좋은 말을 해 준 장화에게 인사를 했다. 그리고 나가려고 하자 장화가 화를 냈다.

"제기랄, 그놈 때문에 우린 한 잔도 할 수 없단 말야? 주인보고 5분 정도 기다리라고 해."

이렇게 해서 쿠포는 다시 주저앉았다. 그리고 술을 마셨다. 술을 마시니 자연스럽게 여자 이야기가 나왔다. 해가 높이 솟았다. 쿠포는 점심 시간이 지나서부터 일을 해야겠다고 생각하고 연장 주머니를 바닥에 내려놓았다.

"이젠 너무 늦었어. 점심이나 먹고 가야겠어. 마누라가 아팠다고 핑계를 대지, 뭐."

술을 몇 잔 마시자 갑자기 쿠포는 모주꾼이 생각났다.

"모주꾼 녀석을 잡으러 가자. 녀석이랑 같이 루이 할멈네로 가서 닭다리나 뜯자고."

쿠포의 생각은 대환영을 받았다. 그들은 모주꾼에게 몰려갔다. 거리에는 가랑비가 내리고 있었다. 쿠포는 볼트 공장으로 가서 모주꾼을 불렀다.

"어이, 술고래들! 이렇게 비가 오는 날이면 일하기 싫지. 술을 마시는 게 딱이야."

모주꾼도 술 친구들을 보자 일하던 것을 내팽개치고 나왔다. 그들은 루이 할멈네로 가서 닭다리를 뜯으며 사업주들을 깎아내렸다.

쿠포는 마침내 일하러 가는 것을 포기했다. 내일부터 열심히 일하면 된다고 생각했다.

5시쯤 되자 술자리가 몹시 문란해졌다. 모두들 술에 취해 고래고래 소리를 지르고 술을 바닥에 뿌려 댔다. 랑티에는 모두가 와자지껄하게 떠들고 있을 때 살며시 빠져 나왔다. 친구들은 랑티에가 나가는 것을 눈치채지 못했다. 랑티에도 상당히 취했지만 밖으로 나와 찬바람을 쐬니 금방 멀쩡해졌다. 그는 조용히 가게로 돌아가 제르베즈에게 쿠포가 친구들과 술을 마시고 있다고 말해 주었다.

이틀이 지났지만 쿠포는 돌아오지 않았다. 아무도 쿠포가 어디 있는지 알지 못했다. 제르베즈는 처음에는 쿠포를 찾지 않았다. 술에 취해 있는 모습을 보면 더 화가 날 것 같았다.

그러나 이틀이 지나도 돌아오지 않자 슬슬 걱정이 되어 콜롱브 영감의 목로주점을 찾아갔다. 하지만 쿠포는 없었다. 제르베즈는 쿠포의 연장만을 챙겨서 돌아왔다. 저녁이 되자 랑티에는 제르베즈가 따분해하는 것을 보고 콩세르 카페로 바람을 쐬러 가자고 했다. 제르베즈는 처음엔 거절했다. 놀러 다닐 기분이 아니었기 때문이다.

랑티에는 마치 아버지 같은 태도로 제르베즈를 걱정하는 것 같았다. 지금까지 쿠포가 이틀을 연달아 외박한 적이 없었다. 그래서 제르베즈는 혹시나 하고 자꾸 목을 길게 빼고 남편이 돌아오지 않나 하고 거리를 내다보았다. 그러나 거리에 가스등이 켜질 무렵, 랑티에가 다시 카페 이야기를 꺼내자 승낙했다.

"남편은 주책없이 사흘 전부터 술을 마시고 돌아다니는데 나라고 신나는 일을 찾지 말라는 법이 없지. 여자만 이렇게 사는 건 너무 억울하잖아. 남편이 돌아오지 않는다면 나도 나가지 뭐. 술집 같은 건 다

불이 나서 타 버렸으면 좋겠어."

저녁을 먹고 8시에 랑티에와 제르베즈는 가게를 나섰다. 제르베즈는 보슈 부인에게 열쇠를 맡기고는 쿠포가 돌아오면 미안하지만 좀 재워 달라고 부탁했다. 랑티에는 말쑥한 차림으로 휘파람을 불었다. 제르베즈는 비단 드레스를 입었다. 두 사람은 콩세르 카페로 갔다.

"오늘 밤엔 가수 아만다 양이 출연한다더군."
하고 랑티에가 말했다. 불고기도 카페에 왔다. 불고기는 가게 앞에 붙어 있는 포스터를 보고 있었다.

"이봐, 쿠포 못 봤나?"
"글쎄, 어제 같이 술을 마시고는 보지 못했는데?"
"우리 그이가 어디 있는지 모르세요?"
"모르겠어요. 참! 마부들과 '나비집'으로 들어가는 것을 본 것 같기도 해요."

랑티에와 제르베즈는 콩세르 카페에서 즐거운 시간을 보냈다. 11시에 카페가 문을 닫자 두 사람은 천천히 집으로 돌아왔다. 랑티에는 아만다 양이 부른 샹송을 흥얼거렸다.

문은 열려 있었다. 하지만 현관은 어두웠다. 열쇠를 돌려받으려고 관리실에 갔다. 잠에 취한 보슈 부인이 뭐라고 소리쳤다. 하지만 무슨 말을 하는지 알 수 없었다. 간신히 순경 프와송이 정신을 잃은 쿠포를 데리고 왔다고 하는 말만 알아들었다.

가게 안으로 들어가자 랑티에가 '이게 무슨 냄새야?' 하고 중얼거렸다. 간신히 촛불을 켰을 때 두 사람은 기막힌 광경을 보았다. 쿠포가 먹은 것을 모두 토해 놓은 것이다. 온 방은 토사물 천지였다. 침대도 이불도 방바닥도.

더욱이 쿠포는 자기가 토한 토사물 한가운데 엎드려 코를 골며 자고 있었다. 두 사람은 꼼짝할 수가 없었다. 발을 어디다 들여놓아야 할지 몰랐다. 지금까지 쿠포가 이렇게까지 취해서 온 적은 없었다.

제르베즈는 이 꼴을 보니 쿠포에게 얼마간 남아 있던 애정이 한순간에 사라져 버렸다. 제르베즈는 속이 메스꺼웠다.

제르베즈는 쿠포의 몸을 타 넘어가려 했지만 오물을 밟지 않으려고 옷장 모퉁이에 매달렸다. 랑티에는 제르베즈가 그녀의 침실에서 잘 수 없음을 눈치채고 엷게 웃으며 말했다.

"제르베즈……. 이봐!"

제르베즈는 랑티에가 무슨 말을 하는지 알아차렸다.

"싫어. 이 손 놔요!"

"자, 제르베즈. 이런 데서 어떻게 자? 굉장한 냄새가 나는데 말야. 자, 가자고. 뭐가 무서워서 그러는 거야? 쿠포는 곯아떨어져서 아무 것도 모른단 말야."

"난 내 침대에서 자고 싶어요."

제르베즈는 깨끗한 구석을 찾아서 그 곳으로 기어들어갔다. 하지만 랑티에는 포기하지 않고 제르베즈의 허리를 껴안고 소곤거렸다. 랑티에의 계속된 속삭임에 제르베즈는 시어머니와 딸이 자는 방에 귀를 기울였다. 둘 다 깊이 잠이 든 것 같았다. 랑티에가 천천히 제르베즈의 귀에 입을 맞추었다. 그러자 그녀는 온몸의 힘이 쑥 빠졌다. 쿠포는 정신없이 곯아떨어져서 팔다리를 쭉 뻗고 자고 있었다.

"하는 수 없어……. 이건 내 잘못이 아니야. 쿠포가 술을 너무 많이 마셔서 그런 거야. 난 침대에서 잘 수가 없는걸. 그래, 난 어쩔 수 없어."

랑티에가 제르베즈를 자기 방으로 밀어넣을 때 나나의 얼굴이 방 칸막이 유리창에 나타났다. 나나는 토사물 속에 뒹굴고 있는 아버지를 보았다. 그리고 어머니가 속옷 차림으로 다른 남자의 방으로 사라지는 것을 보았다. 나나의 큰 눈은 호기심으로 반짝거렸다.

9

그 해 겨울 쿠포 어머니는 호흡 곤란을 일으켜 죽을 뻔했다. 해마다 12월이 되면 쿠포의 어머니는 천식으로 2, 3주일은 꼼짝없이 누워 있어야 했다.

"정말 나같이 불행한 여자가 있을까! 이런 감옥에서 나를 죽게 내버려 두다니."

베르지나와 보슈 부인이 쿠포 어머니를 문병 오면 그녀는 묻는 말에는 대답하지 않고 불평만 늘어놓았다.

"내가 이 집에서 먹는 빵은 정말 기가 막히다오. 남의 집에서 살아도 이렇게 서럽지는 않을 거요. 나나도 똑같아. 내가 길러 줬지만 아침에 집을 나가면 그만이에요. 밤이 되면 집에 와서 나에게 어떠냐고 물어보지도 않고 그냥 곯아떨어지지. 난 이 집에서 천덕꾸러기야. 모두 내가 죽기만을 기다린다고. 나한테는 이제 아들도 없어요. 저 절름발이 세탁부에게 빼앗겨 버렸어."

사실 제르베즈는 시어니에게 약간 거친 태도를 보였다. 집안이 어렵게 되자 짜증이 나서 걸핏하면 소리를 질렀다. 쿠포도 마찬가지였다.

어느 날 아침, 숙취로 머리가 아픈 쿠포는,

"저 노인네는 죽는다고 하면서 죽지도 않아."

하고 소리쳤다.

이 말에 쿠포 어머니는 큰 충격을 받았다. 이 부부는 노인네를 앞에 두고 노인네가 없어지면 살림이 조금은 필 거라고 아무렇지 않게 말했다. 하기야 노인네의 태도도 그리 칭찬할 만한 것은 못 되었다.

큰딸 르라 부인이 오면 아들과 며느리가 자기를 굶겨 죽이려 한다고 일러바쳤다. 그것은 큰딸에게 20수짜리 동전을 얻어 내기 위한 속셈이었다. 또 로리웨 부부에게도 쿠포 부부를 흉보았다.

그 해 겨울, 쿠포 어머니의 발작이 가장 심했던 어느 날 오후, 로리웨 부인과 르라 부인이 모이자 쿠포 어머니는 두 사람에게 작은 목소리로 말했다.

"큰일났어, 애들아. 간밤에 그 모자 장수랑 절름발이년이……. 잘들 하더라. 쿠포만 우습게 됐지. 정말 큰일났어……. 그 때 난 잠들지 않았는데 무슨 소리가 들렸어. 모자 장수가 절름발이를 부르고 절름발이가 살금살금 모자 장수 방으로 들어가는 소리를 들었지. 걱정되는 것은 혹시 나나가 눈치챘을지도 모른다는 거야."

두 딸은 놀라는 것 같지도 않았다. 그런 일이 일어날 줄 알았다는 표정이었다.

제르베즈가 밤마다 랑티에를 찾아간다는 소문은 금세 이웃에게 퍼졌다. 로리웨 부인은 이웃 아낙네들에게 큰 소리로 제르베즈를 흉보았다. 그래서 온 동네 사람들은 제르베즈를 비난했다. 분명히 여자가 남자를 유혹했을 것이라고 했다.

추잡스런 소문이 났지만 속이 시커먼 랑티에는 여전히 존경을 받았다. 왜냐하면 그는 누구에게나 신사 같은 태도로 말하고 신문을 읽으면서 걸어갔으며 여자들에게 언제나 꽃을 선물했기 때문이다.

온 동네 사람들이 분개하고 있어도 제르베즈는 침착하게 살아갔다. 처음에는 정말로 자기가 죄가 많고 더러운 인간이 아닌가 생각하기도 했다. 랑티에의 방에서 나오면 수건에 물을 적셔 몸을 박박 닦았다. 쿠포가 치근덕거리며 달려들면 버럭 화를 냈다. 남자를 바꿀 때마다 살갗

을 바꾸고 싶었다.

하지만 어느 사이엔가 두 남자 사이를 오고가는 것이 익숙해졌다. 번번이 몸을 닦는 일도 성가셨다. 제르베즈의 방탕은 습관이 되었다. 쿠포가 술에 취해 돌아오는 날은 언제나 랑티에의 침실로 갔다. 일주일에 적어도 세 번은 갔다. 나중에는 쿠포가 술을 마시지 않는 날도 쿠포가 잠이 들면 옆방으로 갔다. 그렇다고 모자 장수가 좋아서 그런 것이 아니다. 다만 랑티에가 더 말쑥하게 보였고 그 방이 더 편하고 깨끗했기 때문이다.

쿠포 어머니는 이 일에 대해 노골적으로 제르베즈를 나무란 적은 없었다. 그러나 말다툼을 하다가 며느리가 자기를 심하게 공격하면 빈정거렸다. 처음에 제르베즈는 이에 대꾸하지 않고 가만히 시어머니를 쏘아보기만 했다. 그러고는 이렇게 변명을 했다.

"주정뱅이 남편을 둔 여자가 말쑥한 남자를 보면 마음이 끌리는 게 당연한 거 아닌가요? 랑티에는 쿠포와 마찬가지로 내 남편이나 다름없어요. 열네 살 때부터 같이 살아온 처지잖아요. 거기다 난 그 사람의 아이를 둘이나 낳았어요. 사람이 마다른 골목에 오면 못 할 게 뭐가 있겠어요? 먼저 당신 아들보고 정신 차리라고 하시지요. 거기다 이 구트도르 거리는 그렇게 훌륭한 곳이 못 돼요. 나보다 더한 여자들이 얼마든지 있는 곳이죠. 아비, 어미, 자식 할 것 없이 모두 자기 똥 속에서 뒹굴며 사는데 내가 뭐 어때서요? 이 근처의 집은 모두 썩었어요. 가난한 탓으로 사람들은 남자나 여자나 고상하게 살 수가 없다고요."

그러던 어느 날, 시어머니가 더 노골적으로 며느리에게 빈정거리자 제르베즈는 이렇게 쏘아붙였다.

"난 어머니의 지난날을 누구에게도 말하지 않았어요. 어머니는 깨끗하게 살았나요? 난 다 알아요. 품행이 장난이 아니었다죠. 아버님이 살아 있는데도 애인이 두 명이나 있었다면서요?"

며느리에게서 이 말을 들은 쿠포 어머니는 숨이 막혀 죽는 줄 알았다. 이튿날 구제가 세탁물을 가지러 왔을 때 쿠포 어머니는 며느리가 없는 사이에 구제에게 며느리 흉을 보았다. 구제가 자기 며느리를 좋아한다는 것을 알고 있었기 때문이다. 쿠포 어머니는 자기 며느리와 랑티에의 관계를 이야기했다. 구제는 슬픔으로 숨이 막히는 것 같아 벽에 몸을 기댔다.

잠시 후 제르베즈가 돌아왔다. 그녀는 시어머니와 구제의 표정을 보고 이 둘 사이에 무슨 말이 오고갔는지 알아챘다. 제르베즈는 핏기가 싹 가셨다. 손발이 마비되는 것 같았다. 세탁물을 챙겨 바구니에 넣고 가게를 나섰다.

제르베즈는 몇 년 전부터 구제 모자에게 단 1수도 갚지 못했다. 빚은 늘어나서 425프랑이나 되었다. 쿠포는 이제 좀처럼 빚 갚는 데에 신경 쓰지 않았다. 구제가 아무도 없는 곳에서 분명히 자기 부인을 껴안았을 테니 그것으로 빚은 갚은 거나 마찬가지라고 말했다. 제르베즈는 구제를 욕하는 것이 싫었다.

어느 날 제르베즈는 구제네 집으로 세탁물을 배달하러 갔다. 구제 어머니는 세탁물을 보고는 무뚝뚝하게 말했다.

"이제 오는군요. 이제 당신은 약속을 지키지 않는군요. 봅시다. 그 바구니에 내 세탁물이 제대로 들어 있는지. 아니, 이 셔츠는 우리 집 게 아니야. 시트는 어디 갔지?"

구제 어머니는 세탁물을 하나씩 집어던지면서 이렇게 말했다.

"당신은 이제 기술도 아주 못 쓰게 되었군. 이래서야 어떻게 계속 일감을 줄 수 있겠어? 이 블라우스 좀 봐요. 때가 그대로 있잖아요."

그 때 구제가 방 안에서 기침을 했다. 그녀는 구제 앞에서 이런 꼴을 당하는 것이 무척 부끄러웠다. 다리에 힘이 빠지고 의자에 털썩 주저앉고 싶었다.

"그런데 구제 씨는 어디가 아픈가요?"

"그렇다오. 이젠 대장간에도 못 나가고 쉬고 있다오. 일당이 많이 내렸다오. 기계가 많은 일을 대신 하니까. 그러니 이젠 세탁물도 내 손으로 직접 해야 해요. 물론 당신네가 빌려간 돈을 돌려주면 좋겠지만……. 당신네 사정이 안 좋다니……. 하지만 조금만 절약하면 빚을 갚을 수 있지 않겠어요? 듣자 하니 당신네는 늘 진수성찬이라면서요? 한 달에 10프랑이라도 좋으니 돌려주면 좋겠소."

그 때 구제가 어머니를 불렀다. 구제 어머니는 잠시 아들 방으로 갔다가 되돌아왔다. 아마 구제가 제르베즈에게 돈을 갚으라는 말을 하지 말라고 한 모양이었다. 하지만 잠시 후 노부인은 다시 빚 이야기를 했다.

"나는 처음부터 앞날을 내다보았어요. 함석장이 당신 남편이 가게를 다 말아먹고 당신을 고생시키리라는 것을. 우리 아들이 내 말만 들었어도 500프랑은 빌려 주지 않았을 텐데. 그리고 지금쯤 아들도 결혼을 했을 것이고……."

구제 어머니는 갑자기 말투가 거칠어지더니 제르베즈가 쿠포와 짜고 착한 자기 아들을 속였다며 울먹였다. 구제가 어머니를 다시 불러 제르베즈를 만나고 싶다고 말했다.

제르베즈는 구제의 방으로 들어갔다. 벽에는 그림이 있고 좁은 쇠침대가 있었다. 구제는 팔다리를 늘어뜨리고 침대에 누워 있었다.

"괜찮으세요, 구제 씨? 왜 그러세요?"

"아무것도 아닙니다. 어제 너무 과로해서 그래요. 아아, 이게 뭐예요? 나에게 맹세하지 않았나요? 랑티에와 그런 일은 없을 거라고? 너무하군요. 나가시오!"

제르베즈는 구제를 어떻게 위로해야 할지 몰라 그냥 멍청하게 방을 나왔다. 구제 어머니는 얼굴도 들지 않고 뜨개질을 하며 말했다.

"오늘 깜빡한 세탁물은 바로 보내 줘요. 나중에 계산해 줄게요."

"네, 그렇게 하겠습니다. 안녕히 계세요."

제르베즈는 이 집안도 '오늘이 마지막이구나!' 하고 생각하며 문을 닫았다. 어떻게 집으로 걸어갔는지도 모르게 가게로 돌아왔다. 쿠포 어머니는 다리미 옆에 있는 의자에 앉아 있었다. 처음으로 자리에서 일어난 것이다. 제르베즈는 시어머니에게 잔소리를 하지 않았다. 그녀는 너무 지쳐 있었다.

'인생은 괴로움뿐이야. 빨리 죽으면 좋겠어. 차라리 죽었으면…….'

제르베즈는 어떤 일도 진지하게 생각하지 않았다. 오는 손님들에게 모호한 손짓으로 돌아가라고 했다.

'가게는 망해도 좋아. 망해 가는 가게에 깔려 죽어도 좋아.'

가게는 사실상 쓰러져 가고 있었다. 단골 손님들은 한 사람 한 사람 화를 내며 세탁물을 다른 가게로 가지고 갔다.

'그래, 다들 가라고. 그렇게 되면 나는 산더미 같은 더러운 빨랫감에서 해방되는 거야.'

이제 가게에 오는 사람들은 지불이 늦는 단골과 매춘부와 지독한 냄새가 나서 다른 세탁소에서 옷을 받지 않는 고드롱 부인뿐이었다. 가게는 더 어려워져 위트와 부인을 내보냈다.

제르베즈는 견습공인 사팔뜨기 오귀스틴과 단둘이 남았다. 이제 두 사람이 할 만한 일도 없었다. 완전한 몰락이었다. 파멸의 냄새가 가게에 떠돌고 있었다.

지난 날, 제르베즈의 자랑거리였던 파랗게 칠한 아름다운 가게라고는 상상할 수도 없을 만큼 가게 안은 초라했다. 제르베즈는 성실한 마음을 잃어버렸다. 손님이 세탁비를 지불했는지 안 했는지도 몰랐다. 그녀의 가게 외상값은 자꾸 늘어 갔다. 제르베즈는 이웃 사람들에게 신용을 잃었다. 결국 구트도르 거리에서의 석탄 가게, 식료품 가게, 채소 가게 앞을 지날 수 없게 되어 버렸다.

한편 쿠포 어머니는 다시 원기를 회복했다. 다시 1년 동안 식구들은 그럭저럭 살아갔다. 물론 여름철에는 일이 조금 늘었다. 쿠포 어머니는 앞치마 밑에 보자기를 감추고 산책이라도 하는 걸음걸이로 폴롱소 거리에 있는 전당포를 찾아가곤 했다. 그녀는 전당포를 가는 것을 그런 대로 재미있어 했다. 얼마 안 되는 돈을 가지고 흥정하는 것이 재미있었다.

전당포 점원들은 이 할머니를 '4프랑짜리 할머니'라고 불렀다. 3프랑을 주겠다고 하면 언제나 4프랑을 달라고 떼를 쓰기 때문이었다. 제르베즈는 집 안을 몽땅 싸구려 경매에라도 붙여 버릴 것 같았다. 옷가지와 연장, 가구 등 모든 것이 전당포로 갔다. 그리고 수입이 좋으면 그 물건들을 다시 찾아오고 형편이 나빠지면 다시 전당포에 맡겼다. 하지만 마침내 그까짓 물건 그냥 포기하자는 식이 되어 찾아오지 못하는 물건이 늘어 갔다. 단 한 가지 아쉬운 것은 물건을 차압하러 온 집달관에게 20프랑짜리 어음 결재를 하기 위해 괘종시계마저 전당포에 잡힌 일이었다.

그 때까지는 이 시계에 손을 대느니 차라리 굶어 죽겠다고 맹세했었다. 그러나 시어머니가 그 시계로 25프랑을 받아오자 기분이 가라앉았다. 5프랑이나 더 빌려온 것이 좋았던 것이다. 그녀는 200수짜리 동전을 주면서 술을 조금 사 오게 했다. 두 사람의 마음은 요즘 들어 잘 맞았다. 두 사람은 작은 작업대 구석에 앉아 술을 마셨다. 모든 것이 허물어져 가는데도 쿠포는 신수가 좋았다. 이 주정뱅이는 원기가 왕성했다. 싸구려 포도주와 브랜디가 그를 살찌게 했다.

그는 술은 사람을 죽인다는 매형 로리웨를 비웃으면서 술을 먹어 댔다. 아내가 살림살이에 대해 의논하면 사내 대장부를 그런 귀찮은 일에 신경 쓰게 하냐며 화를 냈다.

"집에 빵이 없더라도 그건 내 알 바가 아냐!"

몇 주일 동안 일을 하지 않으며 더 시끄럽게 굴었다. 그러면서도 랑티에의 어깨를 여전히 다정하게 두들겨 주었다. 물론 쿠포는 아내와 랑티에의 관계를 알지 못했다.

랑티에도 원기 왕성했다. 스스로 미남인 줄 알고 있는 터라 그는 체격 유지에 힘썼다. 그래서 음식에 대해서도 무척 까다로웠다. 집에 돈이 한 푼 없어도 그는 영양가 있는 음식이 필요했다. 특히 안주인을 공유하게 된 뒤부터는 살림살이에 있어서도 남편 노릇을 하려고 했다. 잔소리를 하거나 호통을 치면서 쿠포보다 훨씬 더 거들먹거렸다. 말하자면 이 집에는 남편이 두 사람 있었던 것이다. 랑티에는 쿠포 집안의 단물만 빨아먹고 있는 셈이었다.

제르베즈는 두 남편 사이에 끼여 웃고 지낼 수 없었다. 다행히도 건강은 좋았다. 지나칠 만큼 살이 찐 편이었다. 그러나 두 남자를 뒷바라지하기에는 힘겨운 일이 너무 많았다. 더욱이 건달 같은 두 남자는 서로 죽이 잘 맞았고 말다툼도 거의 하지 않았다.

저녁 식사가 끝나면 두 사람은 쾌락을 찾아다녔다. 두 사람은 제르베즈 가슴에 못을 박는 말만 했다. 하지만 인간이란 처음에는 화가 나던 것도 나중에는 익숙해지는 법이다. 두 사람의 욕설이나 트집도 나중에는 아무렇지도 않았다. 오히려 두 사람이 화를 내는 편이 좋다고까지 생각하게 되었다. 왜냐하면 두 사람이 술이 취하지 않은 제정신이면 줄곧 제르베즈 곁에 와서 귀찮게 굴기 때문이었다. 쿠포와 랑티에는 제르베즈를 갉아먹고 있는 것이었다.

어느 날 밤, 제르베즈는 꿈을 꾸었다. 쿠포는 그녀를 때리며 우물에 집어넣으려 했고 랑티에는 더 빨리 집어넣으려고 그녀를 간지럽혔다. 정말 이 꿈은 그녀의 생활 그대로였다. 이웃 사람들이 제르베즈의 행실을 비웃었지만 그것은 가당치 않은 말이었다. 제르베즈가 불행해진 것은 그녀 잘못이 아니었다.

가을이 되자 가게는 점점 더 어렵게 되었다. 랑티에는 몸무게가 줄어든다며 성화가 심해졌다. 랑티에는 이 집에서 파멸의 냄새를 맡았다. 머지않아 다른 곳으로 잠자리와 먹을 것을 찾으러 나가야 할 것을 깨달았다. 그는 이웃들에게 2년 동안 자기 재산을 쿠포네 가게에 몽땅 털어넣었다고 소문을 냈다. 그리고 제르베즈를 절약할지 모르는 여자라고 흉 보았다.

12월의 어느 날 밤, 쿠포네는 저녁을 거르게 되었다. 이제 돈이 한 푼도 없었다. 랑티에는 기분이 나빠져 가게를 나와 거리를 어슬렁거렸다. 그 때 문득 프와송 부부가 생각나서 그 집을 찾아갔다. 그리고 상냥하게 그 부부에게 말을 했다. 아첨을 하는 것이 역력했다. 프와송 집에서 살고 싶어하는 것 같았다. 베르지니가 무슨 장사라도 하고 싶다고 하자 랑티에는 아주 훌륭한 생각이라고 맞장구를 쳤다.

"부인은 잘 할 수 있을 거예요. 또 돈은 마련되어 있잖아요. 백모님의 유산 말이에요. 그러니 어서 장사를 시작하세요."

하지만 베르지니는 망설였다. 그러자 랑티에는 10분이나 소곤소곤 귓속말을 했다. 무언가 권하는 모양이었다.

가게로 돌아온 랑티에는 제르베즈에게 훈계를 했다.

"나 자신을 위해 이런 말을 하는 게 아니라고. 적어도 이 동네에 빚이 500프랑이나 있어. 집세도 밀려 있고. 집 주인은 빌린 집세를 내지 않으면 내쫓는다며? 그리고 모든 물건은 전당포로 날렸잖아. 이제 아무것도 없잖아. 언제까지 이렇게 살 거야? 무슨 대책을 마련해야지."

"내쫓으려면 내쫓아. 이렇게 겁만 먹고 사느니 차라리 달아나서 길바닥에서 자는 편이 낫겠어."

"아니야. 잘 생각해 보면 길은 있어. 이 가게를 팔라고."

"좋아요. 당장 내놓겠어요."

랑티에는 가게를 팔면, 아마도 들어올 사람이 밀린 2기분의 집세를 내줄 것이라고 말했다. 그러면서 프와송 부부 이야기를 하며 베르지니가 가게를 물색 중이라고 했다. 그러고 보니 제르베즈는 베르지니가 이런 가게를 갖고 싶다고 말하는 것을 들은 적이 있는 것 같았다. 제르베즈는 베르지니라는 이름을 듣더니 금세 냉정을 되찾고 말을 바꿨다.

"가게를 내놓아 봐야 무슨 소용이 있겠어요? 그냥 빨래하는 여자를
고용하고 새 단골 손님을 만들면 돼요!"

그러자 랑티에는 제르베즈가 두 번 다시 일어설 희망이 없다고 말했
다. 그리고 다시 베르지니의 이름을 들먹였다. 그 말에 제르베즈는 노발
대발했다.

"절대 베르지니에게 가게를 내줄 수는 없어요. 어쩐지 그 동안 베르
지니의 태도가 수상했었어. 그년이 가게를 노리고 있었던 거야. 아마
몇 년 전부터 내가 망하는 걸 기다리고 있었을 거야. 옛날에 빨래터
에서 엉덩이를 얻어맞은 것에 앙심을 품고 있었던 거지."

정월이 왔다. 춥고 고약한 날씨였다. 쿠포 어머니는 12월 내내 기침
을 하면서 숨을 헐떡였다. 해마다 겨울이 올 때마다 겪는 일이었다. 그
러나 이번 겨울은 그 정도가 더 심했다. 주위 사람들은 아마도 이번 겨
울을 넘기지 못할 것이라고 했다.

쿠포 어머니는 거의 송장 같은 얼굴을 하고 있었다. 자식들은 속으로
어머니가 빨리 죽어 주었으면 했다. 사람들이 쿠포 어머니 방에 들어가
는 것은 아직 살아 있나 죽었나를 확인하기 위해서였다.

어느 월요일 밤, 쿠포는 술에 취해 들어왔다. 어머니가 위독해지고부
터 그는 줄곧 불안에 떨었다. 제르베즈는 밤마다 몇 시간씩 시어머니를
간병했다. 나나가 기특하게도 제르베즈를 도왔다. 그날 밤은 딸도 잠이
들고 환자도 곤히 자고 있는 것 같았다. 랑티에는 제르베즈에게 자기
방으로 자러 오라고 했다. 랑티에의 유혹에 그만 제르베즈는 응해 버렸
다.

새벽 3시경, 갑자기 이상한 예감이 들면서 제르베즈는 찬기운에 떨었
다. 어둠 속에서 제르베즈는 속치마를 주워 입고 노파의 방으로 가서

램프를 켰다. 정적 속에서 쿠포의 코고는 소리만이 들렸다. 나나는 반듯이 누워 자고 있었다. 제르베즈는 램프를 시어머니의 얼굴에 비춰 보았다. 노파는 창백하게 목을 꺾은 채 눈을 부릅뜨고 있었다. 죽은 것이다. 제르베즈는 냉정하고 침착한 태도로 랑티에의 방으로 들어갔다. 그녀는 랑티에를 흔들어 깨웠다.

"이봐요. 어머니가 돌아가셨어요."

"지금 몇 시야? 죽었으면 어쩔 도리가 없잖아. 그냥 자라고. 날이 새면 어떻게 하지, 뭐."

그러나 제르베즈는 그의 말을 듣지 않고 단정하게 옷을 입었다. 랑티에는 집에 죽은 사람이 있다고 생각하자 잠이 확 달아났다. 그는 불쾌하고 화가 났다.

제르베즈는 눈물을 흘렸다. 그렇게 아옹다옹하고 싸웠지만 속으로는 시어머니를 사랑하고 있었던 것이다. 쿠포는 여전히 코를 골고 있었다. 어느새 나나가 잠에서 깼다.

"할머니가 돌아가셨어, 나나."

랑티에는 제르베즈를 도와 쿠포 어머니에게 옷을 입혔다. 시체가 무거워서 쉽지 않았다. 이 노파는 피둥피둥 살만 쪘던 것이다. 쿠포는 여전히 코를 골았다. 죽은 사람에게 옷을 입히고 침대에 반듯이 눕히고 나서 랑티에는 기분을 가라앉히기 위해 술을 한 잔 따랐다. 두 사람은 난로에 불을 피우고 날이 샐 때까지 반쯤 졸면서 술병을 비웠다.

아침 7시가 되어서야 쿠포는 눈을 떴다. 어머니가 죽었다는 것을 알자 쿠포는 어머니의 목을 끌어 안고 울었다. 제르베즈는 남편의 슬픔에 다시 흐느껴 울기 시작했다.

'그래, 이 사람은 근본은 좋은 사람이야. 술 때문에 이렇게 형편없이 변해 버렸지만……'

"여보게, 정신 좀 차리게. 진정하라고."

랑티에가 쿠포를 위로했다. 랑티에는 친척들에게 알리고 시청에 사망 신고를 하러 나갔다.

9시가 되자 친척들이 모였다. 로리웨는 눈물을 흘리지 않았다. 그리고는 바쁜 일이 있다면서 바로 작업장으로 돌아갔다. 로리웨 부인과 르라 부인은 쿠포 부부와 부둥켜 안고 울었다. 로리웨 부인은 시체를 보더니 별안간 큰 소리를 냈다.

"상식도 없네. 죽은 사람 옆에 램프를 켜 놓다니. 절름발이 집에서 죽으면 이렇다니까. 시체 뒤처리도 제대로 할 줄 모르다니."

르라 부인은 이웃집에서 너무 큰 십자가를 빌려 왔다. 노파의 가슴 전체를 가렸는데 그 무게로 시신이 찌그러질 것 같았다. 나나는 교회로 가서 성수와 회양목 가지를 얻어 왔다.

랑티에는 11시가 되어서 돌아왔다. 장의사에 가서 이것저것 알아 보고 왔다고 했다.

"관은 12프랑이야. 미사비는 10프랑이 더 있어야 한대. 그리고 영구차는 장식에 따라서 값이 다르다고 하네."

"어머, 그런 건 쓸데없는 짓이에요. 그런 것을 한다고 해서 어머니가 살아나실 것도 아니고? 주머니 사정도 있고요."

로리웨 부인이 깜짝 놀라며 말했다.

"물론 저도 그렇게 생각합니다. 다만 참고 삼아 값만 알아 왔습니다."

랑티에가 대답했다.

아이들의 웃음소리가 안마당에서 들려왔다. 겨울의 희미한 햇볕 아래 여자아이들이 놀고 있었다. 별안간 나나의 목소리가 들려왔다. 나나를 보슈 부인에게 부탁해 놓았는데 거기서 뛰쳐나온 것이다.

"물론 우린 부자가 아니에요. 하지만 할 일은 하고 싶어요. 어머님이 우리에게 아무것도 남겨 준 게 없다고 해서 그냥 보낼 수는 없어요. 미사는 필요해요. 영구차도 불러요."

제르베즈가 말했다.

"그래, 돈은 누가 내지? 우린 돈을 낼 수가 없어. 지난 주에 돈을 도둑 맞았으니까."

로리웨 부인이 말했다. 르라 부인은 자기 몫은 내겠다고 했다. 그녀도 제르베즈와 같은 의견이었다. 모두 90프랑이 있어야 했다. 긴 의논 끝에 술 장식이 달린 영구차를 부르기로 했다.

"한 집에서 30프랑씩 내요!"

제르베즈가 결론을 내렸다. 그러나 로리웨 부인은 화를 냈다.

"돈이 아까워서가 아니야. 난 허영을 부리는 게 싫어. 자넨 가게가 있으니까 사람들에게 뽐내고 싶겠지만, 난 그런 게 싫어."

"그래, 당신한텐 한 푼도 청하지 않겠어요! 당신 도움 없이 지금까지 시어머니를 먹여 살렸듯이 당신 도움 없이 장례식도 치르겠어요."

그러자 로리웨 부인은 울기 시작했다. 르라 부인이 조용히 좀 하라고 소리쳤다. 다투는 소리를 듣고 시체가 금방 눈이라도 뜰 것 같았다. 그때 안마당에서 여자아이들의 춤이 다시 시작되었다. 나나의 목소리가 다른 아이들보다 유난히 컸다.

"정말 저 애들 노랫소리에 짜증이 나네."

제르베즈는 짜증과 슬픔으로 울상이 되어 말했다. 르라 부인과 로리웨 부인은 다시 오겠다면서 점심을 먹으러 나갔다. 쿠포 부부는 식욕이 없어 포크를 움직일 기분도 나지 않았다. 어떻게 해야 할지 몰라 얼떨떨했고 지쳐 있었다.

랑티에는 르라 부인이 내놓은 30프랑과 제르베즈가 구제한테 빌려 온 60프랑을 가지고 장의사에게 갔다. 오후에 문상객이 찾아왔다. 저녁이 되자 쿠포 부부는 진저리가 났다. 시체를 이렇게 오래 두게 하는 것이 견딜 수가 없었다. 눈물이 마르면 슬픔이 변해 짜증이 되는 법이다.

이제 식구들에게 고인을 공경할 기분이 사라졌다. 모두 자리에 앉아 있을 때 관리인 보슈가 와서 집주인 마레스코 씨가 문상을 왔다고 했다. 그는 아주 엄숙한 표정으로 나타나서 빈소에 가서 무릎을 꿇었다. 그는 독실한 기독교 신자였다. 신부처럼 오랫동안 기도를 드리고 허공에 십자를 긋고 회양목 가지로 시체에 성수를 뿌렸다. 집안 사람들은 모두들 그 모습에 큰 감동을 받았다. 마레스코 씨는 기도를 마치자 가게에 나와서 쿠포 부부에게 말했다.

"밀린 2기분의 집세를 받으러 왔소. 미안하지만 더 기다릴 수가 없습니다. 모래 아침까지 주시지 않는다면 나가 주셔야 합니다. 실례했습니다. 모레 아침입니다. 잊지 마십시오."

프와송 부부가 8시경에 찾아왔다. 제르베즈의 안색을 살피고 있던 랑티에는 이 때가 기회라고 생각하며, 주인이 장례를 치르는 집에 찾아와 돈을 재촉하였다면서 참으로 비열한 사람이라고 욕을 해댔다.

"내가 당신이라면 당장 가게를 내놓겠소."

로리웨 부부는 이 절름발이가 가게를 잃게 된다고 생각하니 기뻐서 견딜 수가 없었다. 그래서 랑티에의 말에 대찬성을 했다. 쿠포는 쉴 새 없이 술잔만 기울였다. 베르지니가 상냥하게 제르베즈에게 말했다.

"우리는 서로 이해할 수 있을 거예요. 내가 가게를 인수하고 집세도 집주인과 얘기해서 처리할게요."

"아니, 싫어요! 집세는 얼마든지 변통하면 돼요. 나는 튼튼한 팔다리가 있으니 그럭저럭 어려움을 이겨 낼 수 있을 거예요."

그 말에 랑티에가 당황해서 그런 이야기는 나중에 하자고 했다. 밤샘이 시작되었다. 쿠포는 드러누운 지 5분도 안 되어 코를 골기 시작했다.

프와송 부부는 한밤중까지 있었다. 사람들은 술을 마셨다. 그러고는 시간을 보내기 위해 이런저런 이야기를 했다.

베르지니는 죽으면 어느 숲속 한 모퉁이의 들꽃으로 장식된 무덤에 묻히고 싶다고 말했다. 프와송은 아침에 반찬 가게에서 도둑질을 한 여자 이야기를 했다. 밤샘은 그런 대로 즐거운 분위기였다. 마침내 프와송 부부가 돌아가고 랑티에도 함께 나갔다. 로리웨는 혼자 자러 올라갔다.

제르베즈와 두 자매는 잠든 쿠포와 함께 남아 난롯가에 둘러앉았다. 로리웨 부인은 노파의 헌 속옷을 갖고 싶어했다. 그리고 침대와 옷장과 의자 두 개를 유품으로 갖고 싶다고 말했다. 그러면서 상복으로 입을 검은색 스커트가 없다면서 어머니의 검은색 스커트가 남아 있지 않느냐고 제르베즈에게 물었다. 그래서 제르베즈와 싸움이 벌어질 뻔했다.

르라 부인이 나서서 공평하게 나누었다. 제르베즈가 어머니 뒷바라지를 했으니 약간의 헌옷을 갖는 것이 좋겠다고 말했다. 밤은 무척 길었다.

장례식은 10시 30분이었다. 다행히 장례식날 아침에는 슬픔을 잊을 만한 일이 많았다. 여러 가지 준비로 바빴다. 먼저 아침 식사를 했다. 관과 쌀겨자루를 들고 온 것은 7층에 사는 장의사 인부 바주즈 영감이었다. 이 영감은 일 년 내내 술에 취해 있었다.

이 날 아침도 변함없이 간밤의 술이 깨지 않았다. 바주즈 영감은 제르베즈를 보더니 깜짝 놀랐다.

"아, 이제 알았다. 이 집 할머니구나. 난 어제 아래층에 죽은 여자가 있다길래 당신이라고 생각했지요. 아, 이거 실수를 했습니다. 죽는 건 늦을수록 좋지요. 설령 사는 게 재미가 없더라도 말입니다."

제르베즈는 바주즈 영감의 말을 듣고는 온몸에 소름이 끼쳤다. 등골이 서늘해졌다. 자기의 생활이 비록 엉망이었지만 빨리 죽고 싶지는 않았다.

"아니, 이 양반이 아침부터 취했나?"

제르베즈가 불쾌함과 두려움이 섞인 얼굴로 화를 냈다.

"그럼, 아주머니는 다음으로 미루기로 하지요."

하며 바주즈 영감은 태연하게 빈정거렸다.

마침내 10시가 되었다. 영구차는 아직 오지 않았다. 가게에는 벌써 마디니에 씨, 장화, 고드롱 부인, 노처녀 르망주 양 등 친구들과 이웃이 몰려와 있었다.

가족들은 안방에서 문상객들에게 악수로 답하고 있었다. 찾아온 사람들은 모두 빈소 한가운데 놓인 관을 보았다. 그리고 무의식적으로 곁눈질로 그 치수를 재어 보고 뚱뚱한 쿠포 어머니가 그 관 속에 들어갈 수 없겠다고 생각했다.

마디니에 씨가 팔짱을 낀 채 정중하고 차분한 목소리로 장의사 인부 네 사람이 왔다고 알렸다. 영구차는 아직 오지 않았다. 바주즈 영감은 몹시 취해 있었지만 의젓하게 맨 앞에 서 있었다. 일은 오래 걸리지 않았다. 쿠포 어머니는 관 속에 담겨졌다. 그녀는 마치 자기 집에 들어가듯 그 속으로 미끄러져 들어갔다. 조금도 빈틈이 없었다.

쿠포와 두 자매와 제르베즈와 그 밖의 사람들은 무릎을 꿇고 굵은 눈물 방울을 떨어뜨리면서 쿠포 어머니에게 입을 맞추었다. 흐느끼는 소리가 한참 동안 계속되었다. 집 앞에 도착한 영구차를 보고 로리웨 부인이 남편에게 소곤거렸다.

"왜 저런 허영을 부린담."

영구차는 동네 사람들을 놀라게 했다. 모두들 영구차를 보고 한 마디씩 했다.

"그 돈으로 빚이나 갚지……."

제르베즈는 빈 손으로 온 로리웨 부부가 못마땅했다.

"자기 어머니가 죽었는데 제비꽃 한 다발 안 갖고 오다니, 원!"

장례 행렬이 갖추어졌다. 쿠포와 로리웨는 외투를 입고 모자를 손에 들고 선두에 섰다. 쿠포는 아침에 마신 두 잔의 포도주 때문에 아직도 슬픔에서 헤어나지 못해 다리가 후들거리고 머리가 아파서 로리웨의 팔에 매달려 걸어갔다. 그 뒤로 남자들이 따랐다. 이어 부인들이 따랐다.

제르베즈는 가게를 닫기 위해 뒤에 처졌다. 나나를 보슈 부인에게 맡기고는 장례 행렬 뒤에 따라 붙었다.

그 동안 나나는 보슈 부인에게 팔을 붙잡힌 채 문간에 서서 할머니가 예쁜 마차를 타고 사라져 가는 것을 호기심어린 눈으로 바라보았다. 제르베즈가 장례 행렬 끝에 다다랐을 때 마침 구제도 왔다. 그는 단정했다. 제르베즈는 문득 자기가 매우 불행하다는 생각이 들어 눈물이 나왔다. 교회에서 치러진 장례식은 금방 끝났다.

다행히도 묘지는 멀지 않았다. 샤페르 지역의 작은 묘지였는데, 마르카데 거리 옆의 공원 끝에 있었다. 장례 행렬은 흐트러지고 요란한 구둣발 소리를 내는 가운데 사람들은 제멋대로 지껄이면서 묘지에 도착했다.

무덤을 파는 인부들이 삽질을 했다. 흙이 얼어 큰 덩어리밖에 떼어낼 수가 없었다. 그 덩어리를 떨어뜨리자 밑바닥에서 큰 소리가 울렸다. 마치 대포의 사격 소리 같았다. 모두 그 자리를 떠나 묘지 밖으로 나왔으나 그 무시무시한 소리는 여전히 들려오는 듯했다. 손을 호호 불고 있던 장화가 큰 소리로 말했다.

"뭐 이런 일이 다 있담! 가련하게도 쿠포 어머니는 따뜻하게 지낼 수 없을 것 같군."

쿠포는 묘지까지 따라와 준 사람들이 고마워서 뭔가 대접하려고 했다. 마침 마르카데 거리에 '묘지에서 돌아오는 길에'라는 술집이 있어서 그 곳으로 들어갔다. 제르베즈는 돌아가려는 구제를 불렀다.

"왜 그냥 가시려고요?"

"전 바쁩니다. 일터로 돌아가야 하니까요."

"60프랑은 정말 미안했어요. 염치 없이 또다시 당신에게 돈을 빌렸군요. 생각나는 사람이 당신밖에 없었거든요."

"아니, 괜찮습니다. 염려할 것 없어요. 곤란한 일이 있으면 뭐든지 도와 드리겠습니다. 하지만 어머니한테는 말씀 드리지 마세요."

그녀는 여전히 구제를 바라보았다. 언젠가 구제가 행복하게 살자며 멀리 도망가자고 한 제의가 생각났다. 그러면서 차라리 어디로 달아날까 하는 생각도 들었다.

"우리 사이가 나빠진 건 아니죠?"

"아닙니다. 앞으로도 사이가 나빠지진 않을 겁니다. 아시겠지만 다만 모든 것이 끝났을 뿐입니다."

구제는 이렇게 말해 놓고 가 버렸다. 제르베즈는 구제의 마지막 말이 귓속에서 종소리처럼 울려 퍼지는 것 같았다. 술집에 들어가서도 그녀의 가슴속에는 구제의 말소리가 들리는 것 같았다.

'그래, 모든 것이 끝났어. 모든 것이 끝장이 났다면 이제 나는 아무것도 할 일이 없어!'

제르베즈는 자기 앞에 가득 따라 놓은 포도주 잔을 들이켰다.

술집에서의 이야기는 쿠포 어머니의 죽음을 시작으로 해서 쿠포네 가게 문제로 이어졌다. 가게를 그냥 다른 사람에게 양도하라고 모두들 쿠포를 설득했다. 사람들은 가게를 포기하지 않으려 했던 제르베즈를 욕했다. 제르베즈는 얌전히 욕설을 듣고 있었다. 한 마디 대꾸도 하지 않았다. 랑티에와 쿠포가 아무리 욕을 해대어도 그냥 듣기만 했다. 두 사람 다 지쳤는지 더 이상 욕을 하지 않자 제르베즈가 말했다.

"이제 다 했나요? 난 가게가 어떻게 되든 상관없어요. 이젠 필요없어요. 마음대로 하세요. 모든 것이 끝났으니까요……."

그래서 가게 양도에 관해 본격적으로 의논을 했다. 프와송 부부가 가게의 권리를 인수하고 밀린 2기분의 집세를 맡기로 했다. 보슈는 집주인을 대리하여 점잔을 빼며 이 결정을 승인했다. 그리고 로리웨 부부가 사는 7층의 빈 방을 빌려 주겠다고 했다. 랑티에는 그대로 쿠포네가 살던 방에 있고 싶다고 했다. 프와송 부부를 방해하지 않을 거라고 했다. 순경인 프와송은 고개를 끄덕이며 정치적인 의견이 달라도 친구들끼리는 의좋게 지낼 수 있다고 말했다.

제르베즈는 저녁때 집으로 돌아와서는 바보처럼 멍청하게 의자에 앉았다. 방 안이 텅 비어 넓어진 것 같았다. 그녀는 마르카데 거리의 작은 공원 묘지 구덩이 속에 쿠포 어머니만 두고 온 것이 아니었다. 그 날 이후 제르베즈는 너무나 많은 것을 잃었다. 자기 목숨의 일부도, 가게도, 안주인으로서의 긍지도, 모두 묻고 온 것이다. 그녀는 심한 피로를 느꼈다.

10

쿠포 부부의 새 거처는 7층이었다. 노처녀 르망주 양의 방을 지나야 했다. 막다른 데가 비자르네 방이고 그 맞은편 지붕으로 올라가는 작은 계단 아래 골방에는 브뤼 양감이 살고 있었다. 거기에서 두 개의 방을 지나면 바주즈 영감이 살고, 마지막으로 그 방 맞은편이 쿠포 부부의 방이었다.

쿠포 부부는 이제 이런 곳에 살게 된 것이다. 제르베즈는 가게를 비

워 주고 나올 때 방이 너무 좁아 가구를 프와송 부부에게 넘겨주고 말았다. 그래도 옷장 하나는 포기할 수가 없어서 갖고 올라왔다. 그래서 창문을 절반이나 가렸다. 빛이 들어오지 않아 방은 음산했다.

제르베즈는 이사 온 처음 며칠 동안은 울기만 했다. 숨이 막혔다. 그래서 창가에 서 있었다. 숨을 쉴 수 있는 곳은 그래도 그 곳밖에 없었다. 안마당을 내다 보고 있자니 서글픈 생각밖에 들지 않았다.

새 집에서의 생활도 조금씩 익숙해졌다. 겨울은 다 끝나 갔고 봄이 되니 쿠포에게 새로운 일자리가 생겨 에탕프로 떠났다.

그 곳에서 석 달 정도 있었는데 술도 많이 마시지 않고 시골의 맑은 공기로 건강도 훨씬 좋아졌다. 집에 돌아왔을 때 쿠포는 장미처럼 싱싱해져 있었다. 그리고 400프랑이나 가지고 와서 프와송 부부가 대신 내 준 밀린 집세와 독촉이 심한 외상값을 갚았다.

제르베즈는 날품팔이 다리미장이가 되어 있었다. 포코니에 부인이 제르베즈를 고용해 주었다. 포코니에 부인은 제르베즈가 예전에 세탁소를 운영했던 주인이라는 점을 고려하여 최상급 대우를 해 주었다. 그래서 살림도 그럭저럭 꾸려 갈 수 있을 것 같았다.

제르베즈는 열심히 일하면 빚도 다 갚고 다시 잘 살 수 있는 날이 오겠지, 하는 낙으로 살았다. 그러나 이런 것은 남편이 큰 돈을 벌어 올 때만이었다. 돈이 없으면 될 대로 되라는 기분이 되어 좋은 일이란 그리 오래 가는 법이 아니라는 생각을 하곤 했다.

그 무렵 쿠포 부부에게 가장 괴로웠던 일은 그들의 가게였던 집에 프와송 부부가 사는 것을 보는 일이었다. 쿠포 부부는 시샘이 많은 사람들은 아니었지만 주변 사람들이 그 두 사람을 짜증나게 했다.

"프와송 부부가 가게를 얼마나 멋지게 꾸며 놓았는지 보셨어요?"

보슈 부부와 로리웨 부부가 끈질기게 그 이야기를 꺼냈다. 그들은 그렇게 깨끗한 가게는 본 적이 없다고 말했다. 그리고 프와송 부부가 이사를 했을 때 얼마나 가게가 더러웠던지 집을 청소하는 데만 30프랑이 들었다고 말했다.

베르지니는 세탁소 대신 식료품을 파는 가게를 열었다. 랑티에가 이 가게를 하라고 권했기 때문이다. 달콤한 과자 장사는 돈벌이가 제법 쏠쏠하다고 했다. 베르지니는 의기양양했다. 그런 이유에는 남자 문제도 얽혀 있었다.

동네 사람들은 랑티에가 제르베즈를 버렸다고 수군거렸다. 이웃 사람들은 잘 된 일이라고 했다. 이것으로 동네의 풍기문란이 없어졌다고 했다.

그런데 랑티에의 여자들에 대한 인기는 변함이 없었다. 자질구레한 소문이 퍼졌다. 아직도 제르베즈가 랑티에를 쫓아다닌다는 소문과 랑티에가 싫다고 따귀까지 때렸는데도 물러서지 않았다는 말도 돌았다. 물론 누구도 진실을 말한 것은 아니었다.

시간이 지나자 동네 사람들은 이제 랑티에와 베르지니가 잠자리를 같이 한다고 생각했다. 로리웨 부부는 제르베즈에게 질투심을 일으키려고 랑티에와 베르지니의 정사를 이야기했다.

그런데 이상한 것은 제르베즈에 대해선 엄격했던 도덕이 베르지니에게는 관대하다는 것이었다. 남편이 순경이라는 데서 연유한 것 같았다. 다행히 제르베즈는 질투로 괴로워하지 않았다. 그녀의 마음에는 랑티에가 없었기 때문이다. 그럼에도 상대가 베르지니라서 기분은 나빴다.

쿠포는 아주 재미있어 했다.

"프와송이란 놈, 참 병신이야. 칼을 차고 있으면서도 자기 부인과 랑티에가 그렇고 그런 것을 넘어가다니."

그러더니 쿠포는 더 신이 나서 제르베즈까지 놀려 댔다.

"이런, 너는 옛 애인을 놓쳐 버렸군. 처음엔 대장장이 구제한테도 성공을 못하더니, 모자 장수한테도 딱지를 맞았어. 미장이도 한번 꼬셔 보지 그래? 미장이는 자기 직업처럼 딱 달라붙어 떨어지지 않을 테니 말야."

이런 말을 들을 때마다 제르베즈는 하얗게 질렸다.

나나가 첫 영성체를 한 것은 그 해 6월이었다. 나나는 13세였지만 다 자란 처녀였다. 지난 해에는 품행이 좋지 않아 교리문답을 받지 못했다. 신부가 이번에 영성체를 허락한 것은 그렇게 하지 않으면 나나가 다시는 교회에 오지 않을 것이고, 그렇게 되면 거리를 헤매는 여자가 될 것이라고 생각했기 때문이다. 나나는 흰색 드레스를 입을 생각을 하고 좋아했다. 로리웨 부부는 대부 대모로서 드레스를 만들어 주겠다고 약속했다. 그리고 이 선물 이야기를 아파트 사람들에게 퍼뜨렸다. 르라 부인은 베일과 모자를, 베르지니는 지갑을, 랑티에는 기도서를 선물하기로 했다. 그리고 프와송 부부는 마침 개업식을 하려던 참이라 영성체가 끝나고 그 곳에서 잔치를 하자고 했다.

영성체 받기 전날 나나가 옷장 위에 늘어놓은 선물을 바라보고 있을 때 쿠포가 곤드레만드레 되어서 돌아왔다. 그는 부인과 딸을 붙잡고 술주정을 했다.

"술만 취하면 귀찮아 죽겠네."

하고 제르베즈는 짜증이 나서 중얼거렸다. 나나는 얌전히 앉아 있었다. 갑자기 쿠포가 나나에게 소리를 버럭 질렀다.

"네년이 흰 드레스를 입는다고 뭐가 달라지냐? 또 언제처럼 블라우스에도 종이 뭉치를 처넣어 젖통을 만들려고 그러냐? 이 망나니 같은 계집애! 당장 저런 물건은 서랍 속에 처넣어."

그러자 제르베즈도 소리를 질렀다.

"나나를 내버려 둬요. 얌전하게 앉아 있잖아요. 나쁜 짓도 안 했는데 왜 자꾸 나나한테 시비예요?"

"야, 이년들이 똑같구나. 요 못된 년들!"

쿠포는 나나의 드레스를 찢어 버리려고 했다. 그러자 제르베즈가 막았다. 나나는 아버지를 노려보다가 고해 신부에게 주의받은 것도 잊고

"돼지!"

하고 소리를 질렀다.

다음 날 쿠포는 기분 좋게 눈을 떴다. 간밤의 취기가 남아 있어 기분이 좋았다. 쿠포는 딸의 옷치장을 거들어 주며 예쁜 딸아이의 모습에 넋이 나갔다.

사실 신부처럼 수줍은 미소를 머금고 있는 나나는 아름다웠다. 보슈네와 쿠포네는 함께 교회로 갔다. 나나와 폴린은 기도서를 손에 들고

베일을 쓰고 앞서 걸었다. 로리웨 부인은 자기가 선물한 드레스에 유독 신경을 썼다. 나나가 드레스 자락으로 거리의 먼지를 쓸 때마다

"저런 미련퉁이!"

하며 고함을 쳤다.

쿠포는 교회에서 줄곧 울었다. 그는 얼떨떨하고 가슴이 벅차올랐다. 특히 찬송가는 감동적이었다. 정말이지 그 날은 기분 좋은 날이었다.

프와송 부부의 개업 축하 잔치는 성황이었다. 이 축하연의 공주는 나나와 폴린이었다. 두 아이는 드레스를 더럽히지 않으려고 음식을 먹을 때마다 조심을 했다. 디저트 시간에는 모두가 아이들 장래에 대해 이야기를 나누었다.

보슈 부인은 폴린을 금은 세공 공장에 넣기로 했다고 말했다. 제르베즈는 어떻게 해야 할지 몰랐다. 나나도 무엇을 하고 싶다는 말을 하지 않았다. 나나는 거리를 쏘다니는 것을 좋아했다.

르라 부인은 자기처럼 조화를 만드는 일이 어떻겠냐고 물었다. 그 일은 깨끗하고 고상한 일이라고 했다. 그러나 로리웨가,

"조화를 만드는 여자들은 거의 다 매춘부야"

하고 중얼거리자 화를 냈다.

"조화 여공 중에도 제대로 된 여자가 얼마든지 있어! 물론 실수를 하는 사람들도 있겠지만 정신만은 올바르다고."

"그렇고말고요."

하며 제르베즈가 말을 받았다.

"나도 꽃 만드는 일을 싫어하지는 않아요. 다만 나나 마음에 들어야지요……. 나나야, 대답 좀 해 봐! 꽃 만드는 일이 어떠니?"

"좋아요. 엄마."

하고 나나는 겨우 대답했다.

이로써 나나의 일자리는 해결이 났다. 쿠포 부부는 르라 부인에게 내일이라도 취직시켜 달라고 했다. 로리웨 부인은 보슈 부인에게 나직한 목소리로 말했다.

"그 애는 우리 대녀인데 조화공을 만들다니……. 쳇! 이젠 그 아이의 얘기는 듣고 싶지도 않아요. 틀림없이 매춘부가 될 테니까. 얼마 안 가서 부모를 망신시킬 거예요."

쿠포 부부는 자기 방으로 올라가면서 모든 게 잘 될 거라고 이야기했다. 그리고 프와송 부부도 그리 나쁜 사람들이 아니라고 이야기했다. 하지만 이 집안에서 좋은 날은 이 날이 마지막이었다.

그로부터 2년이란 세월이 흘렀지만 생활은 점점 곤경에 빠졌다. 특히 겨울이 오면 그들은 더욱 혹심한 가난에 찌들려야 했다.

겨울은 갖가지 재난을 가져왔다. 일거리가 없고 추위로 몸이 오그라들어 게으름만 늘어났다. 습한 계절의 우울한 가난살이는 계속되었다. 쿠포네를 무엇보다 괴롭힌 것은 집세였다.

집 안에 동전 한 푼 없는데 보슈 영감은 아침 저녁으로 찾아와서 돈을 내라고 성화였다. 그 다음 토요일엔 집주인이 직접 찾아와 나가라는 이야기를 했다. 이것은 쿠포네뿐만이 아니었다. 불행의 소리는 아파트 전체에서 났다.

물론 쿠포 부부의 일은 그 부부의 성실하지 못한 태도에서 온 것이었다. 생활이 어려워도 절약해 나간다면 문제는 없었을 것이다. 쿠포 부부는 움직이기 싫어서 거의 거미와 같은 생활을 했다. 나나는 조화공으로서 아직 한 푼도 벌어 오지 못했다. 번 돈을 겉치레하는 데 써 버렸기 때문이다. 제르베즈는 포코니에 부인의 가게에서도 미움을 받기 시작했다. 포코니에 부인은 제르베즈의 품삯을 신출내기 품삯으로 깎을 정도였다. 일 솜씨가 형편없었기 때문이다.

한편, 쿠포도 일을 했지만 돈은 거의 가지고 오지 않았다. 그는 돈을 버는 대로 술값으로 다 써 버렸다. 제르베즈는 남편이 일터에서 나오는 것을 지키고 있다가 급료를 가로채려고 했다. 하지만 이것도 소용없는 일이었다.

이제 제르베즈는 쿠포가 보도에서 12미터 이상 떨어진 높은 곳에서 일해도 옛날처럼 조마조마하지 않았다. 저절로 천장에서 떨어져 죽는다면 쓸모없는 인간 하나가 사라지는 것뿐이라고 생각할 정도였다. 부부 싸움을 하는 날엔 제르베즈는 쿠포에게 언제쯤 들것에 실려 올 거냐고 고함을 쳤다. 나나도 아버지가 술에 취한 채 마차에 깔려 죽을지도 모른다고 생각했다. 술망나니 아버지가 살아 있는 것은 나나에게 고통만 줄 뿐이었다.

아파트 안은 지독한 가난뱅이들의 소굴이었다. 서너덧 집이 매일 굶었다. 문을 열어도 음식 냄새가 나는 일은 거의 없었다. 복도에는 죽음의 그림자가 깃들어 있었다.

때때로 소동이 일어나기도 했다. 여자 울음소리, 굶주린 아이들의 보채는 소리……. 제르베즈가 가장 불쌍하게 생각한 것은 계단 밑 굴속 같은 곳에 사는 브뤼 영감이었다. 그는 지푸라기 더미 위에서 며칠씩 꼼짝도 하지 않았다. 배가 고파도 외출하지 않았다. 영감의 모습이 며칠 동안 보이지 않으면 이웃 사람들은 문을 밀고 들어가서 죽어 있는 것은 아닌지 확인했다.

제르베즈에게는 장의사 인부 바주즈 영감 옆방에 사는 것이 무척이나 괴로웠다. 아주 얇은 칸막이가 두 방 사이를 가로막고 있을 뿐이었다. 영감이 손가락 하나만 움직여도 그 소리가 들릴 정도였다.

영감은 날마다 한껏 술을 먹고 기침을 하고 침을 뱉고 노래를 불렀다. 그리고 물건들을 집어던지기도 했다.

제르베즈는 그런 소리를 들으며, 끔찍한 상상을 했다. 장의사 인부가 수고를 덜려고 어린애 관을 자기 방에 모아 두었다는 이야기를 들은 적이 있었다.

바주즈가 들어오면 언제나 죽음의 냄새가 났다. 그런데 이상하게도 제르베즈는 바주즈 영감 방을 무서워하면서도 보다 더 잘 들으려고 벽에 귀를 붙이고 무슨 소리가 나는지를 살폈다. 그 영감은 언젠가 제르베즈에게 이렇게 말했었다. 그녀를 비참한 일을 잊을 수 있는 곳에, 즐거운 잠을 잘 수 있는 곳으로 데려다 주겠다고. 그 잠을 자 보고 싶다는 생각이 제르베즈에게 서서히 생겼다. 정말로 한 달쯤 잠을 자고 싶었다. 집세를 내는 달에 잠을 자고 싶었다. 그렇게 생각하다가 제르베즈는 갑자기 섬뜩해졌다. 죽는다는 것이 갑자기 무서워졌기 때문이다.

그러던 1월의 어느 날 밤, 제르베즈는 두 손으로 칸막이 벽을 두드렸다. 그녀는 일주일 동안 모든 사람들에게 학대를 당하고 돈이 없어서 기진맥진했다. 그녀는 몸도 편치 않아 순간적으로 창 밖으로 몸을 내던질까 하다가 그만두고 벽을 두드려 바주즈 영감을 불렀다. 장의사는 노래를 부르며 신발을 벗고 있는 중이었다.

"바주즈 영감님! 영감님!"

"뭐야, 뭐? 누가 아픈가? 지금 갈 테니 기다리시오."

그러나 그 영감의 목소리를 듣자 제르베즈는 악몽에서 깨어나는 것 같았다.

'내가 무슨 짓을 한 것이지?'

장의사가 벽을 넘어서 자기의 머리채를 끌고 땅 속으로 밀어 넣을 것만 같았다.

'싫어, 싫어! 나는 아직 죽을 생각이 없어. 내가 칸막이를 두드린 것은 움직이다가 팔꿈치를 부딪친 거야.'

　"아녜요, 아무것도 아녜요, 아무 일도 없어요."
하고 제르베즈는 말했다. 장의사 인부는 투덜거렸다. 제르베즈는 정신
을 차리고 다시는 아무리 괴로운 일이 있어도 영감을 찾지 않을 거라고
다짐했다.

　비참한 생활 가운데 있는 제르베즈는 랄리를 보고 용기를 얻었다. 랄
리는 여덟 살밖에 안 되었는데 어른 못지않게 살림을 꾸려 나갔다. 세
살 동생과 다섯 살 동생을 돌보며 하루 종일 접시를 닦고 청소를 하기
도 했다.

　비자르 영감이 마누라의 배를 걷어차서 죽여 버린 이래로 랄리는 이
집의 조그만 엄마가 되었다. 하지만 비자르는 예전에 자기 아내를 때리
던 솜씨로 딸에게 손찌검을 했다. 랄리는 불평도 없이 가만히 매를 맞
았다. 아파트 안을 시끄럽게 하지 않으려고 소리도 지르지 않았다. 매를

맞은 다음 날에도 랄리는 또다시 일을 했다. 두들겨 맞는 일도 랄리의 일과 중의 하나가 되었다.

제르베즈는 될 수 있는 대로 랄리를 불러 먹을 것과 헌옷을 주었다. 어느 날은 나나가 입던 옷이 맞는지 입혀 보다가 제르베즈는 숨이 막히는 줄 알았다. 온몸이 멍투성이에다 살 껍질이 벗겨져 있었다. 이대로 두면 오래 가지 못할 거라고 생각했다. 그래도 랄리는 아무 말도 말아 달라고 제르베즈에게 부탁했다.

제르베즈는 언젠가 남편도 비자르처럼 채찍을 들고 자기를 때릴 날이 오리라고 생각했다. 그만큼 쿠포는 술에 찌들어 있었던 것이다. 쿠포는 몸이 신통치 않았다. 식욕도 줄었다. 빵도 먹지 않고 수프조차 입에 대지 않았다. 이는 흔들려서 아무것도 씹을 수가 없었다. 몸을 지탱하기 위해서는 매일 반 리터의 브랜디가 필요했다.

그러는 사이 쿠포는 발이 무거워지고 경련이 났다. 귀가 윙윙거리고 눈앞에 불꽃이 튀는 것 같았다. 머리가 띵해져서 갑자기 길거리에 멈춰 서야 했다. 더 나쁜 것은 수전증이 온 것이다. 특히 오른손이 더 많이 떨렸다.

"안 되겠는걸! 나는 이제 남자가 아니라 할멈이 되고 말았어!"

3월 어느날 밤, 쿠포는 술에 흠뻑 젖어서 돌아왔다. 밤이 되자 그는 몹시 기침을 하고 고열이 났다. 아침에 보슈 부부의 단골 의사가 와 보더니 고개를 설레설레 흔들며 빨리 병원으로 데리고 가라고 했다.

쿠포는 폐렴이었다. 제르베즈는 슬퍼하지 않았다. 그녀는 이미 옛날에 쿠포를 구하기 위해 전 재산을 털었던 제르베즈가 아니었다.

"병원에 데리고 가라고요? 저런 놈팡이는 차라리 없어지는 게 좋아요. 그게 마음이 더 편해요."

하지만 쿠포는 결국 라리부아지에르 병원으로 실려 갔다. 막상 병원으로 실려 가자 제르베즈의 마음이 달라졌다. 저 인간이 죽으면 어떻게 하나, 하고 덜컥 겁까지 났다.

쿠포가 입원한 병실은 생지옥이었다. 그녀는 쿠포의 병원비가 없어 슬그머니 병실을 도망쳐 나왔다. 밖으로 나와 병원의 당당한 건물을 바라보았다. 그리고 예전에 쿠포가 햇빛 속에서 콧노래를 부르며 일하던 시절을 생각했다.

그 시절의 쿠포는 술도 마시지 않았고 피부는 여자처럼 고왔다. 봉궤르 호텔의 창가에서 보면 하늘 한가운데서 일하는 쿠포가 보였고 두 사람은 손수건을 흔들어 미소를 보냈었다.

며칠 후 제르베즈가 문병을 갔을 때 쿠포는 없었다. 쿠포가 동료 환자를 때리는 바람에 생 탄느 병원으로 옮겼다고 한 수녀 간호사가 말해주었다.

"완전히 정신이 나갔어요. 머리를 벽에 부딪치고 난리가 났어요. 고함을 어찌나 치던지……. 같은 병실에 있는 사람들이 참을 수 없다고 불평이 대단했어요."

제르베즈는 정신이 아찔해서 집으로 돌아왔다. 아버지 소식을 들은 나나는 이렇게 말했다.

"아버지를 그냥 병원에 두세요. 병원에서 나오면 우리 두 사람을 죽일 거라고요!"

일요일에 제르베즈는 생 탄느 병원으로 갔다. 작은 방으로 안내되었을 때, 쿠포의 건강한 모습을 보고 아주 놀랐다. 제르베즈가 문병 가면서 사 가지고 간 오렌지 두 개를 받자 쿠포는 감동받았다. 그는 예전처럼 순한 사람이 되어 있었다. 그리고 머리가 이상해졌던 이야기를 했다.

"내 눈에 쥐들이 보였어. 그래서 쥐 꼬리에다 소금을 뿌려 주려고 네 발로 기어서 따라다녔지. 이젠 다 끝난 이야기야. 하지만 잠을 자면 그런 악몽을 다시 꾸기도 해. 하지만 악몽이야 누구나 꾸는 것 아니겠어."

제르베즈는 저녁때까지 남편 옆에 있었다. 6시에 의사가 회진을 와서 쿠포에게 손을 내밀어 보라고 했다. 두 손은 거의 떨리지 않았다. 그러나 밤이 되자 쿠포는 불안에 떨었다. 그리고 방바닥과 구석을 물끄러미 바라보았다. 그리고 무슨 동물을 벽에 밀어붙이는 것 같은 시늉을 했다.

"왜 그래요?"

"쥐, 쥐야. 빌어먹을! 쥐새끼들이 내 옷에 구멍을 내고 있어. 저것 좀 봐. 당신 스커트 속으로 들어가고 있으니 조심해!"

쿠포는 허공을 치며 이불을 끌어 잡아당기며 소란을 피웠다. 그 때 간호사들이 달려왔다. 제르베즈는 쿠포의 그런 모습을 보고 정나미가 떨어졌다.

며칠 뒤 다시 와 보니 쿠포는 완쾌되어 있었다. 의사는 쿠포를 데리고 가도 좋다는 허락을 했다. 다만 판에 박힌 주의를 주었다.

"술을 다시 마시면 목숨을 잃게 됩니다. 술을 마시지 않으면 얼마든지 다시 건강해질 수 있다는 것을 명심하세요!"

쿠포는 일주일쯤 술을 마시지 않았다. 쿠포는 소심했기 때문에 정신병원에서 죽고 싶지 않았다. 그러나 술 생각을 끊을 수 없어서 한 잔을 마셨다. 하지만 한 잔이 두 잔이 되고, 두 잔이 석 잔이 되고 넉 잔이 되었다. 그리고 2주쯤 지나자 본래의 주량으로 되돌아갔다. 그래서 다시 지옥 같은 생활이 시작되었다. 언젠가는 잘 되겠지 하는 희망도 없었다. 아버지가 따귀를 때리면 나나는 아버지에게 하루라도 빨리 죽었으면 좋겠다고 고래고래 소리를 질렀다.

제르베즈는 더욱더 무기력해졌다. 그녀는 전보다 더 게으름을 피우고 온종일 수다를 떨었다. 게으름이 몸에 붙었다. 쿠포 집안의 몰락은 로리웨 부부의 화젯거리가 되었다. 그들은 제르베즈가 먹을것이 없어서 발버둥칠 날을 기다리고 있었다.

어느 토요일, 쿠포는 제르베즈에게 서커스에 데리고 가겠다고 약속을 했다. 마침 쿠포는 일을 일단락지어서 40수쯤은 마련할 수 있었다. 그런데 일곱 시가 되어도 쿠포는 돌아오지 않았다. 8시가 되어도 마찬가지였다. 제르베즈는 화가 치밀었다. 제르베즈는 오랜만의 외출을 위해 모자도 빨아 놓고 옷도 다림질해 놓았던 것이다. 9시가 되어도 쿠포가 오지 않자 직접 쿠포를 찾아 나서기로 결심했다.

"남편을 찾고 있수? 콜롱브 영감네 있을걸. 방금 전에 보슈가 같이 버찌 술을 마시고 왔다는 걸 보면."

하고 보슈 부인이 말했다.

그녀는 한눈도 팔지 않고 목로주점으로 갔다. 가랑비가 오고 있었다.

막상 목로주점에 도착하자 제르베즈는 망설였다. 이렇게 갑자기 나타났다가는 쿠포에게 야단을 맞지 않을까 걱정이 되었다. 제르베즈는 가게 안을 살펴 보았다. 술병 사이로 쿠포의 얼굴이 보였다. 쿠포는 친구들과 함께 시끄럽게 떠들고 왁자하게 웃으며 술을 마시고 있었다. 그 모습을 보니 제르베즈는 숨이 막힐 것 같았다.

"아내와 가정을 내동댕이칠 정도로 그렇게 술이 좋아!"

제르베즈는 용기를 내어 문을 밀고 쿠포가 있는 테이블 앞으로 갔다.

"어렵쇼! 이건 할멈이군!"

하고 쿠포가 숨이 막힐 듯이 웃었다.

"오늘 서커스 보러 가기로 했잖아요. 빨리 가요. 지금 가면 조금이라도 볼 수 있을 거예요."

"난 일어날 수가 없어. 엉덩이랑 의자랑 착 붙었거든. 자, 내 손을 한 번 잡아당겨 보라고! 콜롱브 영감이 나사못으로 나를 의자에 죄어 놨단 말야."

같이 술을 마시던 친구들은 재미있는 농담거리가 생겼다고 고함을 지르며 서로 어깨를 비벼대며 웃었다.

"할 수 없는 숙맥! 이리 와서 좀 앉아. 서커스보다 여기 있는 편이 더 좋아. 골을 내도 소용없다고."

제르베즈는 술집 풍경이 마음에 들지 않았다. 쉰 목소리, 컵이 부딪치는 소리, 욕설 따위 등에 얼굴이 저절로 찡그려졌다. 홀 전체에 퍼진 알코올 냄새로 머리가 무거워졌다.

"이 잔소리꾼아. 흥을 깨뜨리지 말아. 자, 뭐 좀 마실래?"

"싫어요. 나는 저녁도 먹지 못했단 말이에요."

"그래, 그렇다면 잘 됐어. 술을 마시면 요기가 된다고."

제르베즈가 술을 사양하자 장화가,

"쿠포 부인은 달콤한 술을 좋아하시겠죠."
하고 중얼거렸다.

"좋아요. 마실게요. 이런 식으로 남자들은 돈을 써 버리는 거죠?"

제르베즈는 불고기가 시켜 준 아니스 술을 마셨다. 술을 마시면서 제르베즈는 옛날 생각이 났다. 옛날에 쿠포가 자기에게 접근해 오던 시절, 이 가게 문간 옆에 앉아서 브랜디에 절인 자두를 먹던 일 등을 떠올렸다. 아니스 술은 너무 달아서 메스꺼웠지만 맛있었다. 쿠포는 아내가 마신 술잔을 거꾸로 흔들면서 외쳤다.

"어때? 우리 마누라 솜씨가 좋지?"

"부인, 한 잔 더 하시겠소?"
하고 모주꾼이 물었다.

제르베즈는 쌉쌀한 것을 마시고 싶었다. 그리고 뒤에 있는 증류기를 흘겨보았다. 그것은 대단히 독한 술이었다. 브랜디가 제르베즈의 앞에 한 잔 놓여졌다. 첫 번 한 모금에 턱이 죄어드는 것 같았다.

"어때? 목구멍을 도려 내는 것 같지?"

제르베즈가 두 번째 잔을 들었을 때는 배고픔도 느끼지 못했다. 이제는 쿠포가 약속을 지키지 않은 것도 원망스럽지 않았다.

'아, 세상 사람들이 뭐라고 하건 알 게 뭐야! 이렇게 즐거운 기분이 되어 보기는 난생 처음이야.'

게다가 남편과 돈을 반씩 써 버리는 것이니 마음의 위안도 되었다. 불쾌한 술집 냄새도 아무렇지 않았다. 석 잔째 잔을 들이키니 기분이 더욱 몽롱해졌다. 홀이 춤을 추기 시작했고 가스등이 별처럼 흘러갔다. 제르베즈는 만취가 되어 있었다. 콜롱브 영감이 심하게 언쟁을 벌이는 소리가 났다.

술값으로 싸움이 일어난 것이다. 콜롱브 영감은 쿠포와 쿠포 친구들에게 욕지거리를 하며 그들을 바깥으로 내쫓았다. 비가 내리고 차가운 바람도 간간이 불고 있었다. 제르베즈와 쿠포는 집까지 갔다. 푸아소니에르 거리 모퉁이까지 왔을 때, 그녀는 도랑에 주저앉았다. 온몸이 물에 젖었다. 그리고 간신히 아파트까지 왔다.

관리실 앞을 빨리 지나갔으나 그 방에 있던 로리웨 부부와 프와송 부부가 제르베즈의 모습을 보았다. 제르베즈는 어떻게 7층까지 올라갔는지 알 수 없었다. 발소리를 듣고 랄리가 달려와 제르베즈를 반겼다.

"제르베즈 아줌마, 아빠 아직 안 오셨어요. 그러니까 내 동생이 자는 모습을 한 번 보세요. 얼마나 귀여운지 몰라요!"

그러다가 멍청하게 흐늘거리는 제르베즈의 얼굴을 보고 랄리는 뒤로 물러섰다. 제르베즈는 한 마디 말도 하지 않고 비틀비틀 지나갔다. 소녀는 우두커니 서서 말없이 술 취한 그녀의 뒷모습을 지켜보았다.

11

나나는 자라면서 말괄량이가 되었다. 열다섯 살이었지만 얼굴은 우유 속에 담갔다가 꺼낸 것처럼 싱싱하고, 복숭아처럼 보드라운 피부, 장밋빛 입술, 반짝이는 눈동자를 가졌다. 나나는 이제 블라우스 속에 종이 뭉치를 넣지 않아도 되었다. 특히 나나를 돋보이게 하는 것은 흰 이빨 사이로 혀끝을 쏙 내미는 것이었다. 나쁜 버릇이었지만 그 모습은 누가 보기에도 귀여웠다.

요즘 나나에게 일요일은 거리에서 마주치는 남자들이 자기에게 추파를 던지는 것을 즐기는 날이 되었다. 그래서 나나는 일요일을 목이 빠지게 기다리다가, 아침 일찍부터 나들이 채비를 하려고 몇 시간이고 거울 앞에서 이 옷 저 옷을 걸쳐 보았다.

이 모습을 보고 쿠포가 소리질렀다.

"저런 계집애를 봤나! 꼭 창녀 같군. 머지않아 거리의 여자가 되는 게 아닌지 몰라. 나나, 어서 살 좀 가리지 못해!'

나나는 누가 봐도 반할 만큼 아름다운 여자가 되어 있었다. 나나와 폴린은 마을 총각들에게 인기가 많았다. 나나와 폴린은 함께 어울려 지 냈다. 해가 지면 이 말괄량이들은 길가의 흥행꾼들 앞에서 걸음을 멈췄 다. 요술쟁이와 곡예사들이 와서 길바닥에 낡은 방석을 깔고 구경꾼들 을 모은다. 그리고 거리 한가운데서 재주를 부렸다. 나나와 폴린은 복잡 한 장소에 몇 시간이나 서 있었다. 주위에서는 상스런 말투와 노골적이 고 음탕한 말, 주정뱅이의 욕설이 난무했다. 하지만 얼굴을 붉히지 않았 다. 이런 말은 바로 그녀들의 언어였고 귀에 익은 말들이었다. 다만 그 녀들이 곤란해하는 것은 술에 취한 아버지와 마주치는 일이었다. 그녀 들은 조심해서 서로 알려 주기도 했다.

"얘, 나나, 저기 너네 아버지야!"

"난 도망갈게. 얻어 맞고 싶지 않거든."

하지만 보슈가 폴린을 찾으러 와서 폴린의 두 귀를 붙잡아 끌고 가기 도 하고, 쿠포가 나나의 엉덩이를 걷어차서 데리고 간 적도 있었다.

이제 나나는 여공이 되었다. 그녀는 견습공이었던 케르 거리의 티트 르빌네 가게에서 하루에 40수를 받았다. 쿠포 부부는 나나를 고모인 르 라 부인에게 부탁할 수 있어서 마음이 놓였다.

나나는 공장에 지각하는 일이 가끔 있었다. 그러면 그 날은 저녁때까 지 고모에게 아양을 떨어 부모에게 그 말이 들어가지 않도록 애를 썼 다. 르라 부인은 쿠포 부인에게 거짓말을 하고 나나에게는 끝도 없이 잔소리와 설교를 늘어놓았다. 그러면서 파리의 거리가 젊은 여자들에게 얼마나 위험한지를 일러 주었다.

"나나야, 무슨 일이 있으면 나한테 말해야 한다. 남들이 말을 걸어오면 모두 나한테 얘기해, 알았지? 어때? 아직 아무 말도 들은 적이 없니?"

"고모, 걱정하지 마세요. 그런 일은 없어요. 나는 남자들이 말을 걸지 못하게 빨리 걸어서 공장에 오는걸요. 그리고 무슨 소릴 들어도 남자는 상대하지 않아요."

티트르빌네 작업장은 2층의 넓은 방으로, 장식 하나 없이 우중충했다. 르라 부인은 모범을 보인다고 제일 먼저 작업장에 도착했다. 그리고 연이어서 어린 조화공들이 땀을 흘리며 들어왔다.

7월의 어느 날 아침, 나나는 맨 마지막으로 나타났다. 하기야 이것은 나나의 습관이 되어 버렸다.

나나는 작업장에 들어오자마자 창가에 가서 몸을 내밀고 한길을 내다보았다.

"뭘 보니?"

르라 부인이 물었다.

"보긴 뭘 보겠어요? 너무 더워서 그래요."

아침부터 숨이 막히도록 더웠다. 여공들은 창문에 발을 쳐 놓고 그 틈으로 슬쩍 길거리를 살펴보았다. 그러다가 겨우 작업대 양쪽에 앉아 일을 시작했다.

여공들은 꽃을 만들면서 수다를 떨었다. 누구랑 누구랑 사귄다, 간밤에 만나서 키스하는 것을 보았다는 등의 이야기였다.

그 때 별안간 레오니가 나직한 목소리로 중얼거렸다.

"쉿! 조용히 해! 주인 아줌마야!"

티트르빌 부인이 들어왔다. 여공들은 그녀를 무서워했다. 그녀는 결코 농담 같은 걸 하지 않았다. 여주인은 천천히 작업대를 돌았다. 모두들 고개를 숙이고 일에 열중했다. 그녀는 여공 한 명에게 일이 서툴다며 데이지 꽃을 만들라고 지시했다. 그녀가 나가자 모두 투덜거렸다.

"참, 더럽다, 더러워."

르라 부인은 주인이 나가자 엄격한 태도로 열심히 일하자고 했다. 하지만 그 말을 듣는 사람은 없었다. 아무도 르라 부인을 무서워하지 않았다. 르라 부인은 여공들을 구석으로 데리고 가서 애인에 관한 이야기를 묻기도 하고 트럼프 놀이를 하기도 했다. 그런 르라 부인이었기에 어린 직공들한테 권위가 서지 않은 것이다.

이 작업장에서는 여공들이 서서히 타락해 갔다. 저녁때가 되면 여공들은 우르르 몰려 나갔다. 집으로 가면서 자기 신상에 관한 이야기들을 했다. 나나 같은 숫처녀에게는 좋지 않은 이야기였다.

어느 날 아침부터 낯선 신사가 작업장 건너편에 서 있었다. 이 신사는 하는 일 없이 계속 작업장 창문을 몇 시간이고 쳐다보다가 사라졌다. 이윽고 점심 시간이 되자 작업장의 여공들은 모두 창가로 달려갔다. 나나는 물건 살 일이 있으면 자기가 사오겠다고 말했다. 레오니는 잔새우를 2수어치, 오귀스틴은 감자튀김 한 봉지, 리자는 홍당무 한 단, 소피는 소시지를 부탁했다. 나나가 층계를 내려가자 르라 부인이 따라나왔다. 나나가 창가를 기웃거린 것이 이상했기 때문이다.

그런데 골목을 나서자마자 아침부터 작업장 건너편에 서 있던 신사가 나타나더니 나나에게 눈짓을 했다. 르라 부인은 나나의 팔을 꽉 잡고 걸었다. 남자가 뒤를 따라왔다. 르라 부인은 나나를 야단쳤다.

"나이도 어린 것이 벌써부터 남자를 달고 다니다니! 거기다 나이도 많은 남자를!"

"난 저 남자를 몰라요. 닷새 전부터 내 뒤를 저렇게 따라다녀요. 무슨 장사를 하는 것 같아요. 아마 단추를 만드는 사람인가 봐요."

르라 부인은 고개를 돌려 남자를 훔쳐보았다.

"보아하니 부자인 것 같군."

그 날부터 르라 부인은 조카딸의 이 사건을 재미있어했다. 르라 부인은 고모라는 책임을 내세워 아침부터 밤까지 나나를 따라다녔다. 나나는 귀찮았지만 자기를 보물처럼 소중하게 대해 주는 것이 싫지는 않았다.

그 단추업자는 계속해서 나나를 쫓아다녔다. 퇴근하는 르라 부인과 나나를 그 남자가 뒤따랐다. 그러자 어느 날 밤, 르라 부인은 남자에게 다가가서 이런 행동은 좋지 않다고 말했다. 그랬더니 그 남자는 대답을 하지 않고 공손히 고개를 숙였다. 르라 부인은 화를 낼 수가 없었다. 그의 행동이 너무나 품위가 있었기 때문이다.

하지만 르라 부인은 이 일을 쿠포에게 말했다. 이 문제로 쿠포 집에서는 한바탕 소동이 벌어졌다.

"무슨 짓을 하고 다니는 거냐? 늙은 영감한테 열을 올려! 이상한 소문이 나면 다리 몽둥이를 분질러 버릴 테다…… 오늘부터 내가 너를 직접 감시할 테다."

나나가 밖에서 돌아오면 아버지는 딸을 샅샅이 검사했다. 쿠포는 이상한 점이 발견되면 나나를 때렸다.

쿠포는 어느 날 아침, 나나가 분을 바르고 있는 것을 보고는 벽력같이 화를 냈다. 그러고는 나나가 가지고 있는 액세서리를 모두 빼앗으려고 했다. 나나는 필사적으로 그것들을 지키려고 했다. 예쁜 레이스가 달린 소맷단, 하트형 도금 메달 등이었다. 하지만 아버지를 이기지는 못했다. 쿠포는 구두 뒤축으로 그것들을 짓밟아 버렸다. 나나는 부들부들 떨었다. 그리고 티트르빌네 작업장에 나가지 않겠다고 말했다.

그 일 이후 쿠포는 딸을 직접 끌고 작업장 입구까지 데리고 갔다. 그리고 딸이 들어가는 것을 확인하고는 혹시 다시 나오지 않나 해서 5분 동안이나 입구에 서 있었다. 그러던 어느 날 쿠포는 나나를 작업장에 데려다 주고 술집에서 잠깐 친구들과 어울려 있다가 나나가 엉덩이를 흔들면서 길을 걸어가는 것을 보았다. 나나는 2주일 전부터 아버지를 감쪽같이 속였던 것이다. 가게에 들어가는 척 하다가 아버지가 입구에서 사라지면 다시 길거리로 나온 것이다.

구트도르 거리의 아파트 사람들은 나나와 그 단추업자 노신사에 관한 이야기를 모두 알고 있었다. 그 사람은 예의바르고 좀 소심하긴 하지만 완고하고 참을성이 많았다. 나나를 충실한 개처럼 따라다녔다. 남자는 아파트까지 나나를 쫓아왔다가 입구에 서 있다가 간 적도 있었다.

보슈 부부는 그 노신사가 왠지 불쌍해 보였다. 어엿한 신사가 어린 계집애한테 넋을 잃었다면서 안타까워했다. 그 사람은 제법 돈을 버는 상인이었다. 처음 한 달 동안 나나는 그 노인을 얕잡아 보았다. 자기 뒤를 졸졸 따라다니는 모습이 꼴불견이었다.

그러는 동안 몇 번 상대해 보니 노인이 왠지 무섭다는 생각이 들었다. 어쩌다가 보석상 앞에 서 있으면 느닷없이 등뒤에서 소곤거릴 때가 있었다. 나나는 갖고 싶은 게 많았다. 화려한 보석을 갖고 싶었고, 좋은 옷도 입고 싶고, 레스토랑에서 식사도 하고 싶었다. 연극도 구경하고 싶고 멋진 가구가 있는 방에서 살고도 싶었다. 이것은 이룰 수 없는 희망은 아니었다. 늙은이는 나나의 귀에다 이런 것들을 해 줄 수 있다고 소곤거렸다. 하지만 나나는 남자가 궁금했으면서도 호락호락 자기 몸을 허락할 생각은 없었다.

겨울이 되자 쿠포네는 더욱 힘들어졌다. 나나는 날마다 얻어맞았다. 아버지가 때리다 지치면 어머니가 품행을 고쳐 준다고 또 때렸다. 그 때문에 집안은 싸움터가 되었고 어느 새 세 사람은 뒤엉켜 싸우게 되었다. 게다가 배가 고파도 먹을 것이 없었다. 딸이 나비 매듭으로 만든 리본이나 소매 단추 등 무언가 쓸 만한 것을 사 오면 양친은 그것을 빼앗아 팔아 버렸다. 나나는 이제 자기 것이라곤 누더기 잠자리에 기어들기 전에 얻어맞는 매밖에 없었다.

"싫어, 싫어! 이런 생활이 이젠 진절머리가 나! 술에 매일 취해 있는 아버지가 싫어. 차라리 아버지가 없었으면 좋겠어. 어머니도 똑같아."

제르베즈도 역시 술을 마셨다. 그녀는 한 잔씩 사주는 술을 얻어먹으려고 콜롱브 영감네 가게로 남편을 찾아가는 것을 낙으로 여겼다. 나나는 목로주점에서 남자들과 떠들어 대며 술에 취해 있는 어머니의 모습을 보면 분노에 사로잡혔다. 아버지도 곤드레만드레, 어머니도 곤드레만드레, 이렇게 엉망이 되어 가는 집안에는 빵 한 조각 없이 술 냄새만이 코를 찔렀다.

어느 토요일, 나나가 집에 돌아와 보니 쿠포는 침대에 쓰러진 채 코를 골고 있었고 어머니는 의자에 앉아 멍한 눈으로 허공을 바라보고 있었다. 나나는 모자도 벗지 않은 채 방 안을 둘러보았다. 그리고 입술을 깨물더니 문을 열고 나갔다. 그러고는 돌아오지 않았다.

다음 날, 쿠포와 제르베즈는 나나가 집을 나간 책임을 서로에게 미루며 주먹다짐을 했다. 나나의 가출은 제르베즈에게 크나큰 타격을 주었다. 제르베즈는 딸이 집을 나가 몸을 팔게 되면 더 깊은 수렁으로 빠져들 것 같았다. 그래서 제르베즈는 3일 동안 엉망으로 취해서 집을 나간 딸에게 무서운 저주의 말을 퍼부었다.

이 아파트에서는 새장 문이 열린 카나리아처럼 매달 여자아이들이 집을 나갔기 때문에 나나의 가출에 대해 놀라는 사람은 없었다. 그러나 로리웨 부부는 마치 그럴 줄 알았다는 듯한 표정을 했다.

"언젠가는 나나 그 계집애가 큰일을 저지를 줄 알았지. 당연한 일 아니겠어? 조화공은 누구나 빗나가게 마련이거든."

보슈 부부와 프와송 부부도 덩달아 비웃으며 여자는 몸가짐을 바르게 해야 한다고 떠들어 댔다. 하지만 랑티에만은 나나를 감싸 주었다.

"그 말괄량이는 가난한 생활을 하기엔 너무 예뻤어."

며칠 동안 로리웨 부부는 호들갑을 떨면서 관리실에 내려와 이렇게 말했다.

"그 절름발이가 딸을 팔아먹었어요. 증거가 있다고요. 어제 누가 극장에서 나나와 그 늙은이가 앉아 있는 것을 봤대요. 그 두 사람이 함께 살게 된 것이 틀림없어요."

그리고 보니 있을 법한 일이었다. 결국 이 근처 사람들은 제르베즈가 딸을 팔아먹었다는 소문을 믿게 되었다. 제르베즈는 길거리에서 도둑년이란 소리를 들어도 뒤돌아보지 않을 정도로 완전히 체념한 상태였다.

한달 전부터 제르베즈는 포코니에 부인의 가게에도 나가지 않았다. 해고를 당한 것이다. 제르베즈는 이 집 저 집을 전전하며 일을 했다. 하지만 2~3일 만에 쫓겨났다. 조심성이 없고 멍청하고 빨래를 잘 하지 못한다는 이유였다. 결국 제르베즈는 빨래터에서 날품팔이 빨래를 했다. 제르베즈는 지난날의 기품을 모두 잃어 버렸다. 무기력해지고 지저분해졌다. 그래서 랑티에는 그녀를 거들떠보지도 않았다. 그리고 베르지니에게 열을 올렸다. 이제 랑티에와 베르지니가 재미를 보고 있다는 사실을 모르는 사람은 없었다. 얼빠진 남편 프와송은 하루 걸러 야근을 하러 나갔고 그런 날이면 두 사람은 같이 잠을 잤다. 구트도르 거리 사람들은 이 삼각관계를 재미있어했다. 순경이 마누라를 도둑맞는다는 것이 우스웠던 것이다.

랑티에는 세탁소 여주인을 집어먹더니 이제 식료품 가게 여주인을 뜯어먹고 있는 것이다. 랑티에처럼 단물만 빨아먹고 사는 사람도 없을 것이다. 랑티에가 베르지니에게 과자 장사를 하라고 한 것은 나름대로 이유가 있었다. 그는 프로방스 태생으로 단것을 좋아했다. 지난 1년 동안 랑티에는 과자만 먹고 살았다. 베르지니가 가게를 봐 달라고 하면 하는 일 없이 과자를 먹어치웠다. 여전히 일은 하지 않았지만 사업 계획은 풍선처럼 커지고 있었다.

그는 모자 우산이라는 발명품을 준비하고 있었다. 소나기가 한두 방울 떨어지면 모자가 우산으로 바뀐다는 고안이었다. 그리고 프와송에게 그 이익의 절반을 나누어 주겠다고 약속하고 실험비까지 빌려 갔다. 그러는 동안 가게는 랑티에 때문에 점점 무너져 가고 있었다.

랑티에는 또 제르베즈에게 아버지 같은 태도를 보였다. 여러 가지 충고를 하면서 일하는 것을 싫어하면 안 된다고 나무랐다. 그러면서 제르베즈를 도와준다며 베르지니에게 권해서 일주일에 한 번 일을 하도록 했다. 제르베즈는 예전에 자기가 주인이었던 집을 이제는 가정부가 되어 청소를 하게 되었다.

어느 토요일, 제르베즈는 힘이 들었다. 비가 며칠 동안 와서 손님들이 들어올 때마다 가게 안으로 진흙을 묻혀 놓았다.

"제르베즈, 저쪽 구석이 아직 더럽잖아. 좀더 깨끗이 문질러요."

제르베즈는 시키는 대로 했다. 온몸이 땀방울로 젖었다. 베르지니는 거만한 공작 부인처럼 앉아서 제르베즈가 청소하는 것을 참견했다.

"오른쪽을 더 닦아요. 지난번 토요일에 한 일은 별로 마음에 안 들었어. 때가 그대로 남아 있더라고."

랑티에와 베르지니는 거드름을 피웠다. 제르베즈는 그들의 발 아래서 기어다녔다. 베르지니는 그것이 즐거웠다. 옛날 빨래터에서 엉덩이를 얻어맞은 것에 대한 앙갚음을 할 수 있게 된 셈이었다.

랑티에가 별안간 소리쳤다.

"아참, 간밤에 나나를 만났어."

이 말에 제르베즈는 맥이 빠져 바닥에 주저앉고 말았다.

"마르티르 거리를 내려오는 중인데 어떤 젊은 여자가 늙은이랑 팔짱을 끼고 걸어가고 있잖아. 어디서 많은 본 얼굴 같다 했더니 바로 나나더라고. 뭐 걱정할 것 없어. 아주 행복해 보이던걸. 예쁜 털드레스를 입고 목에는 금목걸이까지 했더라고. 아주 즐거운 얼굴을 하고 있었어."

그 말에 베르지니가 대꾸했다.

"나 같으면 그런 애를 만나면 재수가 없어서 다른 곳으로 피해 갔을 거야."

그러고는 제르베즈를 향해 말했다.

"제르베즈, 난 그런 계집애가 나를 보고 인사를 할까 봐 겁이 나요. 당신 딸도 어지간히 타락했군요. 프와송이 매일같이 잡아들이는 불량 소녀들보다 더 심한 모양이에요."

제르베즈는 그런 말을 듣고도 꼼짝을 할 수 없었다.

그 후로 제르베즈는 자기가 술로 죽을 수 있다면 얼마나 좋을까 생각하며 매일 술잔을 들이켰다. 이웃 주정뱅이들은 제르베즈가 딸이 타락한 게 화가 나서 자포자기로 술을 마신다고 했다.

그 해에는 온 동네가 뒤죽박죽되어 갔다. 푸아소니에르 옛 시문을 철거하고 외곽 도로가 관통한 것이다. 그래서 이제 옛날의 모습은 없어졌다.

그 동안 제르베즈는 나나의 소식을 몇 번 들었다. 세상에는 좋지 않은 소문이라면 재빠르게 알려 주는 수다스런 인간들이 있는 법이다. 그런 사람들의 말에 의하면, 나나가 그 단추업자 노인을 버렸다고 했다. 그 노인 집에서 호강을 하다가 어느 젊은 놈과 눈이 맞아 도망을 갔다고 했다. 그런데 그 노인은 아직도 나나를 기다리고 있다고 했다. 어떤 사람들은 나나가 샤페르 거리 어느 카바레에서 난잡한 춤을 추는 것을 보았다고도 했다.

그 말을 듣고부터 쿠포 부부는 카바레를 기웃거리기 시작했다. 그리고 안으로 들어가 나나가 있는지 찾았다. 그렇게 하면서 그들은 자연스럽게 카바레에 익숙해졌다. 처음에는 나나를 찾으려고 카바레에 갔지만 나중에는 춤 구경이 재미있어서 카바레를 찾았다.

11월의 어느 날 밤, 쿠포 부부는 '그랑 살롱 드 라 폴리' 카바레에 들어갔다. 홀은 대만원이었다. 두 번이나 돌아봤지만 자리가 없었다. 자리가 날 때까지 기다릴 작정이었다.

쿠포는 더러운 작업복을 입고 서서 음악에 맞추어 몸을 흔들었다. 그렇게 통로를 막고 서 있는데 어떤 청년이 지나가다가 쿠포를 팔꿈치로 밀었다.

화가 난 쿠포가 소리쳤다.

"내가 작업복을 입었다고 해서 얕보는 거냐?"

젊은이는 쿠포를 아래위로 훑어보았다.

"뭘 봐? 이 녀석아, 작업복은 노동하는 옷이야. 제일 훌륭한 옷이라고. 노동자를 멸시하는 얼빠진 녀석 같으니라고."

제르베즈가 말렸지만 소용이 없었다. 젊은이는,

"더러운 깡패 같으니!"

하고는 사람들 속으로 모습을 감추었다.

제르베즈와 쿠포는 천천히 주변을 돌았다. 구경꾼들에게 세 겹으로 둘러싸여 어떤 남녀가 춤을 추는 것을 보았다. 쿠포 부부도 그 모습을 보려고 까치발을 했다. 겨우 머리와 모자가 뛰고 있는 것이 보였다. 그런데 별안간 제르베즈가 소리쳤다.

"여보, 저것 봐요. 저 낡은 벨벳 모자! …….. 나나예요."

함석장이 쿠포는 단숨에 사람들을 밀어붙였다. 틀림없는 나나였다. 나나는 차림새도 요란했다.

"이년, 가만히 있거라. 당장 혼구멍을 내줄 테다."

나나는 춤을 추느라 아버지가 오는 줄도 몰랐다. 나나가 몸을 흔드는 모습은 참으로 볼 만했다. 아슬아슬하게 다리를 들어올릴 때마다 남자들은 환호성을 질렀다.

"이봐, 저건 내 딸이야. 좀 지나가자고."

나나는 마침내 아버지를 발견하고 뒷걸음을 쳤다. 하지만 아버지에게 호되게 엉덩이를 걷어채였다. 쿠포는 딸의 춤 상대가 아까 시비가 붙었던 그 젊은이라는 것을 알았다. 그것을 보자 더욱 화가 나 나나의 뺨을 두 번 후려쳤다. 나나는 저항도 못 하고 가만히 서 있었다. 오케스트라의 연주는 계속되고 있었다.

"가자. 달아날 생각은 말아. 말을 듣지 않으면 감옥에 처넣을 테다."

이렇게 해서 나나는 집으로 돌아왔다. 그녀는 처음 일주일 동안은 얌전히 있었다. 수수한 드레스를 입고 집 밖에 나가지 않았다. 대견하게도 무슨 생각인지 집에서 일을 하고 싶다고 했다. 집에서 일을 하면 작업장의 상스런 이야기도 듣지 않을 테니 집에서 꽃을 만들고 싶다고 했다. 하지만 나나의 얌전함은 오래가지 못했다. 6개월 동안 바깥 바람을 쐬고 다녔으니 그럴 만도 했다. 나나는 빈둥빈둥 보내면서 쉴새없이 아버지에게 맞았다. 어머니하고도 아침 저녁으로 싸웠다. 결국 나나는 또다시 달아나 버렸다.

쿠포 부부는 성가신 것이 없어졌다며 속이 후련하다고 사람들 앞에서 이야기했지만 가슴속은 화가 끓었다. 나나는 집을 나가 댄스홀을 들락거렸다. 나나가 가는 댄스홀은 언제나 사람들로 들끓었다. 이제 나나를

모르는 사람이 없었다. 나나가 추는 춤을 보려고 사람들이 댄스홀로 몰려갔다.

어느 날 밤, 쿠포 부부가 막 잠자리에 들려고 하는데 문 두드리는 소리가 났다. 나나였다. 나나는 아무렇지도 않게 자러 왔다고 말했다. 물론 나나는 쿠포에게 매를 맞았다. 하지만 나나는 빵을 보자 덤벼들어 먹더니 곧 이부자리에 엎어져 잠이 들어 버렸다. 전과 같은 생활이 계속 되었다. 하지만 어느 날 아침 나나는 또다시 사라졌다. 몇 주일이 지나고 몇 달이 지났지만 나나의 행방을 아는 사람은 아무도 없었다. 그러다가 또 느닷없이 나타났다. 이제 쿠포 부부는 나나가 나가고 들어오는 것에 신경 쓰지 않았다.

다만 제르베즈를 화나게 하는 일이 있었다. 그것은 딸이 사치를 부리는 것이었다. 땅에 끌리는 드레스는 아파트 안에 굉장한 소동을 일으켰다. 보슈 부부는 딸 폴린에게 그런 화려한 옷차림을 한 계집애랑은 절대로 어울리지 말라고 말했다.

나나의 방탕한 생활이 계속되자 제르베즈는 딸의 문란한 생활을 야단쳤다. 제르베즈는 딸에게 손찌검을 했고, 그럴 때마다 나나는 소리쳤다.

"엄마는 뭐 깨끗한가요? 아버지가 코를 골고 자면 엄마는 살금살금 방을 나가 다른 남자 방에 가지 않았던가요?"

그 말에 제르베즈는 새파랗게 질려 아무 말도 하지 못했다.

쿠포는 어떻게 되었을까? 그는 이제 제정신을 잃었다. 딸아이를 야단칠 정신도 없었다. 술 때문에 선악에 대한 의식이 없어졌다. 그는 지난 6개월 동안 하루도 쉬지 않고 취해 있었다.

마침내 생 탄느 병원에 입원했다. 몇 주 후 몸이 괜찮아져 다시 병원을 나왔지만 병상에서 나오면 다시 술로 몸을 망쳤다. 이리하여 3년 동안 일곱 번이나 병원 신세를 졌다. 갓 마흔 살을 넘겼지만 술 때문에 몰골이 엉망이었다. 허리는 구부정하고 손은 심하게 떨렸다. 제르베즈는 어느 날 밤 술에 찌든 쿠포의 두 볼 위로 눈물 방울이 흘러내리는 것을 보았다. 쿠포는 귀 한쪽이 들리지 않았다. 시력도 나빠졌다. 팔이 저려서 움직이지도 못했다. 동그랗게 등을 구부린 채 이불을 덮어 쓰고 병든 짐승처럼 거친 숨을 토해 냈다. 그러다가 포악한 성질을 부리기도 했다. 어느 날은 짐승처럼 소리내어 울부짖다가 어느 날은 아무도 나를 사랑하지 않는다며 흐느껴 울었다.

어느 날 밤 제르베즈가 나나와 함께 돌아와 보니 쿠포가 보이지 않았다. 모녀가 쿠포를 찾았을 때 쿠포는 이빨이 딱딱 부딪치도록 떨면서 누가 자기를 죽이러 온다고 말했다.

첫 서리가 내릴 무렵, 나나는 또다시 달아났다. 겨울이 가까워지니 난로가 없는 집에서 떨면서 사는 것이 싫었던 것이다. 쿠포 부부는 나나가 곧 돌아올 거라고 생각했다. 하지만 몇 달이 지나도 나타나지 않았다. 따뜻한 6월이 되어도 돌아오지 않았다. 쿠포 부부는 나나가 어딘가에 보금자리를 찾았을 거라며 나나의 침대를 팔아 버렸다. 그리고 침대를 판 돈으로 술을 사서 마셔 버렸다.

7월 어느 날 아침, 베르지니는 제르베즈에게 설거지를 도와 달라고 했다. 기름으로 번들거리는 접시를 닦고 있을 때 랑티에가 큰 소리로 말했다.

"전번에 나나를 만났지."

"어디서요?"

"좋은 데서 만났어……. 그 애 마차를 타고 가더군. 걱정할 게 없겠더라고. 그 애 옆에는 귀족 자제분이 있었으니까……. 그 앤 무척 화려한 옷을 입고 있었어. 상류 사회 부인 같았어. 제법이야. 출세했어. 우리 같은 인간은 이제 얕잡아 볼 거라고."

접시는 벌써 반짝이고 있는데도 제르베즈는 여전히 접시를 닦았다. 베르지니는 내일 결재할 대금 때문에 걱정을 하고 있었다. 그러나 랑티에는 통통하게 살찐 볼로 열심히 사탕을 먹고 있었다. 이렇게 랑티에는 프와송 부부의 가게를 깨끗하게 비워 내고 있었다.

제르베즈는 설거지를 마치고 자기 방으로 올라갔다. 쿠포는 발작을 하고 난 직후인지 얼빠진 얼굴로 멍청하게 침대에 앉아 있었다. 그는 힘이 빠진 모습이었다. 제르베즈도 맥이 빠져 힘없이 의자에 앉았다. 그리고 15분 이상이나 쿠포와 마주 앉아 아무 말도 하지 않았다. 이윽고 제르베즈가 말했다.

"나나를 본 사람이 있대요. 아주 화려한 모습이라 이젠 우리 같은 사람은 만날 일이 없을 것 같대요. 아주 행복해졌대요, 그 애가. 아! 지긋지긋한 내 생활."

12

집세 지불 날짜가 지난 토요일이었던 것 같다. 제르베즈는 정확하게 기억하지 못했다. 이번 주는 마치 지옥과 같았다. 닥치는 대로 긁어모았다. 그 덕에 겨우 빵 두 개로 목요일까지는 견뎌 낼 수 있었다.

'아마 저녁에는 쿠포가 돈을 갖고 오겠지. 일을 한다고 했으니까.'

제르베즈는 쿠포에게 수도 없이 속았으면서도 쿠포에게 돈을 기대했다. 별의별 말썽을 다 일으켜서 이제 제르베즈에게 일을 부탁하는 사람은 없었다. 완전히 신용을 잃은 것이다. 제르베즈는 차라리 죽는 편이 낫다고 생각할 만큼 정신을 잃어버렸다.

'아무튼 쿠포가 돈을 가지고 오면 그것으로 며칠 먹을 빵은 살 수 있을 거야.'

제르베즈는 짚더미로 만든 이불에 누웠다. 침구를 모두 팔아 버렸기 때문에 짚으로 만든 이부자리에서 잘 수밖에 없는 형편까지 온 것이다. 제르베즈는 배가 고파서 힘 없이 방을 두리번거렸다. 벽은 벌거벗었다. 아무것도 매달려 있지 않았다. 모든 물건을 팔아 버렸기 때문이다. 이젠 남은 것이라고는 옷장과 테이블과 의자 하나였다.

'정말 지긋지긋해. 차라리 잠이라도 잤으면……'

집 주인은 어제 찾아와서 집세를 일주일 안에 주지 않으면 쫓아 내겠다고 했다.

"그래, 쫓아 내라지. 길바닥이라도 이보다는 나쁘지 않을 거야. 주인 녀석, 배는 툭 튀어나와 가지고. 나를 두들겨 패는 쿠포와 똑같은 놈이야."

제르베즈는 남편을 집주인만큼이나 미워했다. 남편에 대한 증오심은 대단했다. 남편뿐 아니라 모든 사람들을 증오했다. 이제 제르베즈는 진짜 주정뱅이가 되어 버렸다.

'아, 배고파. 배고파 죽겠어.'

제르베즈는 맥없이 남편을 기다리고 있다가 별안간 무슨 생각을 했는지 벌떡 일어났다.

'어쩔 수 없어. 무슨 말이건 다 들을 테야. 뭐라고 욕을 해도 들을 거야. 발바닥을 핥으라고 하면 그렇게 할 거야. 로리웨 부부한테 가서 10수만 빌려 달라고 해야겠어.'

제르베즈는 로리웨 부부 방으로 갔다. 처음에는 주저주저했지만 일단 노크를 하니 마음이 가벼워졌다.

"들어와요."

방 안은 따뜻했다. 벽난로에 장작이 활활 타고 있었다. 로리웨 부인은 금철 다발을 불에 달구어 단단하게 만들고 있다. 게다가 맛있는 냄새도 났다. 양배추 수프 냄새였다. 그것이 제르베즈의 마음을 휘저어 놓았다.

"난 누구라고? 무슨 일인데?"

로리웨 부인이 못마땅한 표정을 지으며 물었다.

돈 이야기를 하려니 말이 나오질 않았다.

"무슨 볼일이라도 있소?"

로리웨가 다시 물었다.

"혹시 쿠포 못 보셨나요?"

"아니, 못 봤는데. 우리 집에서는 쿠포에게 술을 주지 않아."

"돌아온다고 했는데. 돈을 갖고 온다고 했거든요……. 그리고 꼭 필요한 일이 있어서……."

침묵이 흘렀다.

"10수만 있으면 되는데……. 10수만 빌려 주면 이따 쿠포가 오면 갚을게요."

"흥, 내가 그 말을 믿을 줄 알아? 오늘은 10수지만 내일은 20수가 될 걸? 못 빌려 주겠어. 썩 물러가라고. 우리 집에 돈이 없다는 걸 알잖아. 자, 호주머니를 뒤져 봐."

"틀림없이 갚아 드릴게요. 댁에서는 10수쯤은 아무것도 아니잖아요. 정말 부탁이에요."

"이 절름발이! 정말 거지가 됐군. 어쩌다 여기까지 왔을까? 우린 거지가 싫어. 거지가 올 줄 알았으면 문단속이나 해 두는 건데. 거지들은 방 안에 들어와서 돈이 될 만한 물건을 슬쩍 훔쳐간단 말야. 아무래도 조심해야겠어. 혹시 모르지, 구두 밑에 금가루를 발라 놓았을지도."

제르베즈는 화도 내지 않고 힘없는 목소리로 말했다.

"아무것도 훔치지 않았어요."

그러고는 로리웨 방을 나왔다. 제르베즈가 방을 나가자 로리웨 부인이 깐깐한 목소리로 퍼부었다.

"아니, 저 여자한테 어떻게 돈을 빌려 줘! 돈을 빌려 주면 냉큼 술집으로 달려가 술이나 마실 여자한테."

제르베즈는 낡은 신발을 질질 끌며 자기네 방까지 왔다. 하지만 안으로 들어가지 않았다. 방이 무서웠다. 방에 들어가는 것보다 차라리 걷는 편이 몸이 따뜻해질 것 같았다. 지나가다가 층계 아래의 브뤼 영감의 방을 들여다보았다. 노인은 없었다. 비자르네 방 앞에 왔을 때 신음 소리가 났다. 제르베즈는 안으로 들어갔다.

"랄리, 왜 그러니?"

방 안은 청결했다. 랄리가 오늘 아침에 말끔히 청소한 것이 한눈에 보였다.

"왜 그러니?"

랄리는 이제 신음 소리도 내지 않았다.

"아무렇지도 않아요."

그러고는 다시 눈을 감더니 소리내는 것조차 힘들어했다.

"요즘은 너무 피곤해요. 그래서 게으름을 피우며 쉬는 거예요. 몸이 너무 약한가 봐요……. 방은 깨끗하죠? 제가 치웠어요. 유리창도 닦고 싶었는데 다리가 떨려서……. 하지만 조금은 정리가 돼서 쉬는 거예요, 아줌마. 우리 애들이 가위에 손을 다치지 않나 좀 봐 주세요."

그 때 랄리의 아버지 비자르 영감이 거칠게 문을 열고 들어왔다. 여전히 독한 술로 무섭게 눈을 번득이고 있었다. 랄리가 누워 있는 것을 보자 가늘고 기다란 회초리를 들고 호통을 쳤다

"이년아, 대낮에 누워 있다니. 게으름뱅이 같은 년! 어서 일어나!"

비자르 영감은 회초리로 딸을 후려쳤다. 랄리는 애원하면서 말했다.

"안 돼요. 제발 때리지 마세요!"

"냉큼 일어나, 이년아!"

"일어날 수가 없어요. 죽을 것만 같아요."

제르베즈는 비자르에게서 회초리를 빼앗았다. 그러자 비자르는 간이 침대 앞에 우두커니 서 있었다.

"아직 어린 년이 죽긴 왜 죽어? 병이 든 것도 아닌데! 만일 거짓말이면 가만 두지 않을 테다, 이년!"

"오늘은 야단치지 마세요. 난 아빠를 도우려고 애썼어요. 그래서 청소도 하고 동생들도 돌봤어요. 오늘은 야단치지 마세요. 그리고 저한테 작별 인사를 해 주세요."

딸은 평소와는 다른 얼굴을 하고 있었다. 마치 어른처럼 엄숙하고 진지한 얼굴이었다. 비자르는 갑자기 주위를 두리번거렸다. 방 안은 깨끗

했고 아이들은 말끔한 얼굴로 웃으면서 놀고 있었다.

그는 비실비실 의자에 앉으면서 중얼거렸다.

"넌 우리 집 꼬마 엄마야, 꼬마 엄마."

"아빠, 동생들을 부탁해요."

랄리는 기어들어가는 목소리로 말했다. 아버지는 멍청해져서 동그란 눈으로 자기 눈앞에서 죽어 가는 딸을 바라보며 머리를 줄곧 흔들었다.

"빵가게에 외상값이 있어요. 꼭 갚아 주세요. 고드롱 아줌마가 우리 다리미를 빌려 갔으니 돌려받으시고요. 저녁 수프는 못 만들어서 죄송해요. 하지만 빵은 남아 있어요……."

어린 딸은 숨을 거두면서도 식구들의 엄마 노릇을 했다. 짐승 같은 아버지는 자기 아내를 걷어차서 죽이고는 이젠 딸까지 죽인 것이다. 제르베즈는 복받치는 오열을 억눌렀다. 제르베즈는 다 죽어 가는 랄리에게 이부자리를 다시 고쳐 주려고 했다. 그러다가 랄리의 몸을 보고 말았다. 벌거숭이인 랄리의 몸은 처참했다. 온몸이 상처투성이였다.

'어떻게 어린애를 이렇게 학대할 수 있을까?'

제르베즈는 이 가엾은 소녀의 모습에 눈물을 흘리며 무릎을 꿇었다.

"아줌마, 제발……."

랄리는 모든 것을 단념한 듯 아무 말도 못 하고 검은 눈으로 가위로 그림을 오리고 있는 동생들을 바라보았다. 제르베즈는 그 방에 있는 것이 괴로워 층계를 내려왔다. 갑자기 머리가 이상해지는 것 같았다. 가슴속에 지겨움이 가득 차서 차라리 마차의 수레바퀴 밑에 뛰어들어 죽고 싶었다. 제르베즈는 비참한 인생살이를 저주하면서 쿠포가 일하러 간 주인집 문간에 왔다.

'기다렸다가 쿠포가 나타나면 지갑을 빼앗아서 먹을 것을 사자.'

하늘은 여전히 불쾌한 잿빛이었다. 당장이라도 눈이 쏟아질 것 같았다. 그 때 제르베즈는 너덧 명의 여자가 함석 공장 앞에서 서성거리는 것을 보았다. 모두 자기와 같은 처지의 여자들이었다. 남편이 급료를 받아 술집으로 가지 못하도록 망을 보고 있는 여자들이었다.

한 시간 정도 지나자 한 사람이 문을 밀고 나왔다. 사람들이 차례로 나왔다. 그들은 급료를 어김없이 받아 집으로 가져가는 성실한 가장들이었다.

'쿠포도 그랬었지. 결혼을 하고 처음에는⋯⋯.'

마침내 나오는 사람들의 줄이 끊어졌다. 쿠포는 아직 나타나지 않았다. 나쁜 예감이 들었다. 다시 두 사람의 직공이 나왔지만 쿠포의 모습은 보이지 않았다. 그래서 두 사람에게 쿠포가 어디 있느냐고 물었다.

"랑티메슈라는 녀석과 방금 뒷문으로 나갔는데요."

제르베즈는 모든 것을 알았다. 쿠포는 또 속인 것이다. 제르베즈는 쿠포가 돈을 어떻게 쓰는지 보려고 샤르보니에르 거리로 나갔다.

'이젠 끝장이다. 동전 한 푼도 없다. 희망도 없다. 아아, 굶어 죽기엔 딱 좋은 밤이야.'

제르베즈는 푸아소니에르 거리를 올라갔다. 그러자 쿠포의 목소리가 들려왔다. 장화에게 한 턱 내고 있는 중이었다. 제르베즈는 쿠포가 술집에서 나오자 그의 어깨에 손을 얹었다.

"얼마나 기다렸는지 몰라요. 난 배가 고파요."

그러나 쿠포는 무서운 목소리로 소리쳤다.

"그래? 배가 고프면 네 주먹이라도 먹지 그래? 그걸 먹고도 배가 고프면 다른 한쪽 주먹을 먹고."

"배가 고파 죽겠어요. 돈 좀 주세요. 뭐든 먹게 해 줘요."

"빌어먹을! 한 푼도 없어. 귀찮게 굴지 마. 귀찮게 했다간 맞을 줄 알아."

쿠포는 주먹을 불끈 쳐들었다. 제르베즈는 뒷걸음치면서 무언가 결심한 듯한 표정이었다.

"좋아요. 난 다른 남자를 찾아갈 테야."

그러자 쿠포는 웃음을 터뜨렸다.

"참 좋은 생각이야."

제르베즈는 하얗게 질린 얼굴로 외곽대로 쪽으로 내려갔다. 제르베즈는 남편에게 심한 모욕을 받은 것이 수치스러워 빨리 걸었다. 이윽고 혼잡한 사람들 속에 혼자 있게 되자 걸음을 늦추었다.

이제 그녀에겐 두 가지 길이 있다. 도둑질이나 구걸을 하는 것. 제르베즈는 구걸을 하기로 했다. 배가 고파 다 죽어 가는 마당에 이것저것 따질 수가 없었다.

그녀는 거리를 방황했다. 도심 속으로 들어갔다. 그 거리는 부족함이 없는 사람들이 많았지만 그녀에게 10수짜리 동전 하나 주는 사람이 없었다. 지칠 대로 지친 제르베즈는 마침 집을 향해 오는 노동자들과 마주쳤다.

승합마차와 전세마차는 귀청이 떨어질 정도로 요란한 소리를 내며 질주하고 짐마차가 바쁘게 달려갔다. 그런가 하면 귀가가 늦은 장사꾼이 상자를 짊어지고 부리나케 걸어가기도 했다.

제르베즈는 망연히 군중 속을 헤쳐 나가다가 눈을 들어 저쪽 편을 보았다. 옛날에 살던 봉궤르 호텔이 보였다. 주변은 변하지 않았다. 문구점도 담뱃가게도 그대로였다.

제르베즈는 자기의 저주스런 생활이 시작된 곳이 바로 이 호텔의 한 작은 방이라고 생각했다. 그리고 우두커니 서서 랑티에와 살던 2층 창문을 바라보았다. 그리고 랑티에와 살던 젊은 시절의 일과 갈등과 버림 받았던 일을 생각했다.

제르베즈는 20년 만에 길바닥에 버려진 신세로 이 곳에 다시 온 것이다. 그 호텔을 보고 있자니 기분이 언짢아졌다. 그래서 다시 몽마르트르 쪽 큰 거리로 올라갔다. 어둠이 서서히 깔리는데도 아이들은 아직도 모랫더미 위에서 놀고 있었다.

시간이 흐르자 이윽고 인파는 끊어지고 사람들의 모습도 뜸해졌다. 가스등이 훤하게 비치는 가운데 이제는 환락이 슬슬 고개를 내밀며 거리를 밝히고 있었다.

제르베즈는 그 자리에 드러누워 죽고 싶었다. 너무나 고생스런 인생이었다.

'편안히 누워 있고 싶어. 그리고 다시는 일어나고 싶지 않아. 20년 동안 악착같이 일한 게 결국 이 모양인가.'

제르베즈는 어느 새 아름다웠던 지난날과 맛있는 음식을 먹으며 시끄럽게 떠들던 날을 회상했다.

'내 생일 잔칫날, 나는 싱싱한 금발에다 무척 귀여웠었지. 절름발이였지만 세탁소에서는 여왕이었어. 그런데 지금은 굶주림에 시달려 시궁창에 떨어져 버렸어.'

제르베즈는 다시 눈을 들었다. 철거 중인 도축장 앞이었다. 악취가 풍기고 아직도 피에 젖어 있는 음침한 안마당이 보였다. 거기서 다시 길을 내려가니 라리부아지에르 병원이 보였다. 그녀는 그 밑에 있는 철교까지 내려왔다. 파리를 떠나는 기차가 칙칙거리는 바퀴 소리를 울리며 지나갔다.

'아, 기차를 타고 멀리 떠날 수 있다면……. 나는 새로운 생활을 시작할 수 있을지도 몰라.'

제르베즈는 다시 느릿느릿 걸어갔다. 연기처럼 짙은 밤안개가 끼기 시작하고 가스등이 훤하게 켜져 있었다. 강한 바람이 불었다. 어느덧 길가에 죽 늘어선 술집과 댄스홀에서 춤판과 술판이 벌어질 시각이었다. 불이 켜진 콜롱브 영감의 목로주점 앞에는 사람들이 행렬을 이루고 있었다. 제르베즈는 목로주점 앞에서 생각에 잠겼다.

'단돈 2수만 있어도 한 잔 마시러 뛰어들어갔을 거야. 한 잔이라도 들이키면 이 주린 배를 채울 수 있을 텐데. 브랜디만 마실 수 있다면 죽어도 좋아.'

어둠이 더 짙어졌다. 제르베즈는 주위를 살폈다. 인기척 없는 넓은 도로에서 여자들이 남자들을 붙잡고 있었다. 제르베즈는 그 여자들의 흉내를 내기로 했다. 부끄러움도 잊었다. 그저 불쾌한 꿈 속에서 몸부림치는 것 같았다. 남자들은 여자들이 길에서 붙잡아도 거들떠보지도 않고 지나갔다.

"저어, 아저씨……."

제르베즈는 처음에는 말이 떨어지지 않았지만 차츰 대담해졌다. 어떻게 해서든 주린 배를 채우고 싶었기 때문이다. 남자들은 여자들이 말을 건네면 걸음을 멈추고 놀리듯이 대꾸하거나 희롱하다가 걸어갔다. 어떤 사람은 값을 깎았다.

"저어, 아저씨……."

어느 새 그녀는 다시 도축장까지 왔다. 남자를 찾으려고 걷다가 거기까지 온 것이다. 제르베즈는 스무 번이나 지칠 줄 모르고 남자를 붙잡았다. 하지만 누구 하나 상대해 주는 사람이 없었다.

"저어, 아저씨……."

그녀는 땅바닥에 비친 자기 그림자에게 말했다. 그녀는 이제 무척 심한 절름발이여서 걸음을 걸을 때마다 그림자가 땅에서 재주를 넘는 것 같았다. 자기가 생각해도 자기 모습이 형편없어 보였다.

'아아, 저렇게 예쁜 매춘부들이 많은데……. 누가 나를 사겠어? 이

무슨 꼬락서니람! 내 꼴을 보고 남자들이 달아나는 것은 당연하지.'

밤이 꽤 깊어졌다. 싸구려 음식점은 문을 닫고 술집의 가스등은 한층 더 붉은빛을 냈다. 제르베즈는 갑자기 불어온 돌풍에 정신을 차리고 다시 걸었다. 을씨년스런 하늘에서 눈이 내리기 시작했다. 한 사나이가 천천히 걸어왔다. 제르베즈는 다가가서 말을 건넸다.

"저어, 아저씨……."

사나이가 걸음을 멈췄다. 그러나 제르베즈가 하는 말을 듣지 못한 것 같았다. 사나이는 손을 내밀며 나직하게 말했다.

"제발, 적선 좀 합쇼."

두 사람은 얼굴을 마주 보았다.

아, 이게 무슨 일인가! 브뤼 영감이었다. 이 남자는 구걸을 하고 쿠포 부인은 거리에서 남자를 찾고 있다니. 두 사람은 얼빠진 얼굴을 하고 멍청히 서 있었다. 그리고 서로의 얼굴을 바라보았다. 그리고는 아무 말도 하지 않고 눈보라 속으로 각기 걸어갔다.

'오, 하느님, 50년 이상 죽도록 일한 늙은이가 구걸을 하다니요.'

'오, 하느님, 솜씨 있는 세탁부라는 소리를 듣던 여자가 이렇게 몸을 팔다니요.'

이젠 눈보라가 불었다. 제르베즈는 길이 분간이 되지 않아 무척 힘들어하면서도 길을 걸었다. 그녀는 마침내 외곽대로 쪽으로 왔다. 이제 여기서 쓰러져 드러누울 생각을 하는데 발소리가 났다. 그녀는 달려갔다. 눈 때문에 아무것도 보이지 않았다. 마침내 한 남자의 넓은 어깨가 보였다.

'무슨 일이 있어도 이 남자는 잡아야 해. 이젠 놓치지 않을 거야.'

제르베즈는 안간힘을 쓰고 달려가 남자를 붙잡았다.

"여보세요, 아저씨. 잠깐만……."

남자가 뒤돌아보았다. 아아, 그는 구제였다. 제르베즈는 싸구려 매춘부가 된 자기 모습을 구제에게 들키고 말았다. 구제는 그녀의 얼굴을 가만히 바라보았다. 제르베즈는 고개를 숙이고 뒷걸음치기 시작했다.

"이리오세요."

구제는 제르베즈를 잡고 앞장을 섰다. 구제와 제르베즈는 죽은 듯이 고요한 거리를 소리 없이 걸어갔다. 구제의 어머니는 심한 류머티즘으로 지난 10월에 세상을 떠났고 구제는 조그만 집에서 혼자 쓸쓸히 살고 있었다. 구제는 문을 열고 층계참에서 망설이는 제르베즈를 불렀다. 그녀는 머뭇거리면서 안으로 들어갔다. 구제는 말도 없이 제르베즈를 와락 끌어당겨 힘껏 껴안으려고 했다. 제르베즈는 정신을 잃으며 중얼거렸다.

"어쩌나……. 어쩌나! ……. 미안해요. 미안해요!"

난로는 타고 있었다. 돌아왔을 때를 위해 식지 않게 불에 올려놓은 수프가 끓고 있었다. 구제는 그녀에게 빵과 술을 따라 주었다. 그녀는 포크를 쥐었으나 너무 떨려서 떨어뜨렸다.

너무 배고픈 제르베즈는 빵을 입에 넣고 흑흑 울기 시작했다. 굵은 눈물 방울이 빵 위로 떨어졌다. 목이 막힐 것을 걱정한 구제가 억지로 그녀에게 술을 마시게 했다.

구제는 찬찬히 제르베즈를 바라보았다.

'이 사람도 이제 나이를 먹고 무척 늙었어.'

구제는 제르베즈가 젊었을 때의 모습을 생각했다.

'나는 이 사람을 보려고 세탁소에 갔었지. 난 이 사람을 바라보는 게 무척 행복했었어. 어느 날은 이 사람이 날 보러 대장간으로 찾아왔었어. 나는 제르베즈 앞에서 쇠를 두들기고 그녀는 나를 쳐다보았지. 우리는 그 때 참 행복했었는데. 나는 이 여자를 이렇게 내 방에 데리고

오고 싶었지만 남편이 있어서 혼자 가슴앓이만 했었는데. 그러던 그
녀가 이제 내 것이 됐어. 내 뜻대로 된 거야.'

제르베즈는 빵을 다 먹고는 일어섰다. 그러자 구제는 무릎을 꿇고 그
녀의 손을 잡고 말했다.

"저는 아직도 당신을 좋아합니다."

"그런 말씀 하지 마세요. 전 너무 괴롭답니다. 무릎을 꿇고 싶은 건
저예요. 일어나세요."

"입을 맞추게 해 주시겠습니까?"

제르베즈는 대답할 말을 찾지 못했다. 그래서 그냥 승낙의 표시로 고
개를 끄덕였다. 입을 맞춘 구제는 제르베즈에게 말했다.

"우리 사이는 이것으로 충분합니다. 우리의 우정은 여기에 모두 담겨
있습니다."

제르베즈는 더 이상 그 곳에 있을 수가 없었다. 서로 사랑하면서 이
렇게 다시 만난다는 것은 너무도 슬픈 일이었다.

"저도 당신을 사랑해요. 하지만 어쩔 수 없어요. 이대로 있으면 두 사
람 다 괴로울 뿐입니다."

제르베즈는 다시 거리로 뛰어나갔다. 정신을 차리고 보니 그녀는 어
느 새 구트도르 거리의 아파트에 와 있었다. 아파트는 캄캄했다. 그녀는
관 속에 발을 들여 놓는 기분으로 아파트 안으로 들어섰다.

"내가 여기에 발을 들여놓은 순간부터 나는 몰락하기 시작한 거야.
이런 곳에 있으면 누구나 가난이라는 콜레라에 걸리는 거야."

제르베즈는 어둠 속에서 7층까지 올라가면서 웃었다. 기분 나쁜 웃음
소리를 냈다. 문득 지난날 자기가 꿈꾸었던 일들이 생각났다. 날마다 빵
을 먹고 마음 편하게 일하는 것, 깨끗한 침실을 갖고 아이를 잘 기르고
남편에게 얻어맞지 않고 살다가 자기 침대에서 죽는 것이 제르베즈의

소박한 꿈이었다. 그런데 완전히 거꾸로 되었다.

'정말 우습지? 난 이제 일도 하지 않고 먹지도 못하고 짚 위에서 잠을 자다니. 딸은 매춘부 노릇을 하고 남편에게 맞기만 하고. 남은 것은 이제 길거리에서 죽는 것뿐이야. 이것이 내 운명인 거야.'

제르베즈는 생각이 여기까지 미치자 쓴웃음이 솟구쳐 올랐다. 복도에 이르렀을 때 제르베즈는 거의 미친 사람 같았다. 구제와 영원한 작별을 하고 온 것이 그녀를 괴롭혔다.

'우린 다시 만날 일이 없겠지.'

지나가다가 비자르 영감의 방을 들여다보니 랄리는 죽어 있었다.

'이제 편안히 눕게 되었구나.'

랄리의 죽은 모습을 보자 제르베즈는 죽음의 길이 몹시 그리워져서 바주즈 영감의 방 안으로 들어갔다. 영감은 술에 만취하여 방바닥에 쓰러져 자고 있었다. 제르베즈는 그의 모습을 보자 별안간 통곡을 했다. 그 소리에 바주즈 영감이 눈을 떴다.

"무슨 일이슈?"

제르베즈는 두 손을 내밀고 그에게 애원을 하기 시작했다.

"나를 데려다 줘요. 지긋지긋해요. 저세상으로 가고 싶어요……. 나는 거길 가면 기뻐할 거예요……. 기억하시죠? 제가 언젠가 이 벽을 두드린 것을요? 그 때 내가 바보였어요. 죽는 게 무서웠거든요. 하지만 지금은 아니에요. 제발 나를 영원한 잠 속으로 데려다 줘요. 이게 내 희망이에요."

13

그날 밤 쿠포는 들어오지 않았다. 다음 날 제르베즈는 철도 기관사가 된 에티엔으로부터 10프랑을 받았다. 아들은 집의 살림이 어렵다는 것을 알고 이따금 100수짜리 은화를 몇 닢 보내 주곤 했다. 쿠포는 다음 날에도 돌아오지 않았다.

일주일이 지났다. 제르베즈는 한 통의 편지를 받았다. 생 탄느 병원에서 쿠포가 죽어 가고 있다는 통지서였다. 제르베즈는 당황하지 않았다. 병원은 몇 번이나 쿠포를 고쳐 주었으니 이번에도 말짱하게 일으켜 줄 거라고 생각했다.

그 날 정오에 제르베즈는 병원으로 갔다. 간호사는 쿠포가 술에 취해 강물에 빠진 것을 누가 건져 냈다고 했다. 계단을 올라가니 뼛속까지 으스스 한기가 도는 고함 소리가 났다.

"아주머니 남편이에요. 쉬지 않고 고함만 지른답니다. 그리고 사납게 날뛰고요."

정말이지 쿠포는 미친 듯이 날뛰고 있었다. 거기다 상대도 없이 혼자서 춤을 추고 있었다. 팔로 장단을 맞추면서 두 손을 흔들어 댔다.

뚱뚱한 인턴 한 사람이 자리에 조용히 앉아서 쿠포의 행동을 기록하고 있었다. 그는 제르베즈를 보자 말했다.

"여기 계셔도 상관없습니다. 하지만 조용히 해 주십시오. 무슨 말을 해도 부인을 알아보지 못할 겁니다."

제르베즈는 할 말이 없었다. 말해 주지 않았다면 자기 남편인 줄도 모를 정도로 쿠포는 인상이 변해 있었다.

"선생님, 이번에는 상태가 나쁜가요?"

인턴은 대답 대신 고개를 가로저었다. 쿠포는 빠른 목소리로 뭐라고 지껄이고 있었다. 방바닥을 이리저리 훑어보면서 산책이라도 하듯 빙빙 돌아다니며 혼잣말을 했다.

"나더러 죽으라고? 싫다. 나는 절대로 강물에 뛰어들지 않아. 안 뛰어든다."

쿠포는 이렇게 말하고는 쉰소리로 고함을 지르면서 달리더니 쿵 하고 쓰러졌다. 그 모습을 보자 제르베즈는 견딜 수가 없었다.

"선생님, 전 이만 가겠어요. 머리가 돌 것 같아요. 다시 올게요."

제르베즈는 계단을 뛰어내려왔다.

'아아, 지겨워!'

그날 밤 구트도르 거리의 아파트에선 온통 쿠포의 이야기가 화젯거리였다. 보슈 부부는 제르베즈를 관리실로 불러 쿠포에 대해 이것저것 물으며 검은 구즈베리 술을 내놓았다. 로리웨 부인과 프와송 부인도 왔다.

제르베즈는 사람들이 자기 이야기를 잘 이해하지 못하자 소리를 지르고 뛰어오르며 쿠포의 흉내를 냈다. 사람들은 호기심 어린 눈으로 제르베즈의 모습을 지켜보며,

"정말이요, 정말?"

하며 호들갑을 떨었다.

다음 날 잠자리에서 일어난 제르베즈는 다시는 그 병원에 가지 않기로 했다. 자기까지 미칠 것 같아서였다. 그러나 정오가 되자 무섭기도 하고 쿠포가 궁금하기도 해서 가만히 있을 수가 없었다. 병원에 도착했을 때 쿠포의 소식을 묻지 않아도 됐다. 벌써 1층에서부터 쿠포의 노랫소리가 들렸다. 쿠포는 어제보다 더 심하게 춤을 추며 소리를 지르고 있었다. 서글픈 광경이었다.

제르베즈는 자기가 어째서 이런 곳에 다시 왔을까 하고 억울한 생각이 들었다. 인턴과 원장은 제르베즈에게 몇 가지 질문을 했다.

"이 사람 아버지도 술을 마셨나요?"

"예, 술에 취해서 지붕에서 떨어져 죽었답니다."

"어머니는요?"

"그럼요, 당연하죠."

"그럼 당신도 마시나요?"

제르베즈는 망설이다가 그렇다는 표시로 손을 가슴에 갖다 댔다.

"당신도 마신다고요? 조심해요. 술을 마시면 어떻게 되는지 잘 보셨으니……. 장차 당신도 저렇게 될지 몰라요."

쿠포는 알아들을 수 없는 소리로 무언가 호소했다. 어제보다 더 괴로운 모양이었다.

"아이고, 목 말라. 목 말라."

하며 줄곧 중얼거렸다.

인턴은 레몬수가 든 병을 주었다. 쿠포는 정신없이 받아 마셨다. 그러나 절반은 흘렸다. 그러고는 마신 것을 뱉어 버리며 소리쳤다.

"빌어먹을! 브랜디가 아니잖아!"

그러자 인턴은 원장의 지시대로 물을 먹였다. 쿠포는 물을 한 모금 마시더니 이렇게 말했다.

"역시 브랜디가 일품이지."

그러더니 잠시 후 귀신이 보인다고도 했다가 쥐가 보인다고도 했다.

쿠포는 한참 동안 소리를 지르더니 입에 거품을 내뿜고 침을 흘리면서 헛소리를 했다. 의사는 나갔다. 제르베즈는 희망이 있는지 물어 보려고 따라갔다. 하지만 의사가 너무 빨리 걸어가는 바람에 말을 건넬 수가 없었다. 그렇다고 남편을 다시 보러 갈 기분도 나지 않아 그냥 그 자리에 우두커니 서 있었다. 제르베즈 뒤에서는 여전히 쿠포가 소란을 피우고 있었다. 제르베즈는 그 소리를 듣고 병원을 뛰쳐나왔다. 한길까지 나와서야 제르베즈는 안심이 되었다.

구트도르 거리에 도착하자 사람들이 그녀를 기다리고 있었다.

"어때요? 쿠포는 아직 살아 있나요?"

"살아 있어요."

제르베즈의 대답에 보슈는 실망하는 듯한 모습을 했다. 사람들은 쿠포가 살아 있는지 아닌지를 놓고 술내기를 했던 것이다.

"뭐라고? 아직 살아 있다고? 당신이 나온 뒤에 금방 죽지 않았을까?"

"걱정 말아요. 그런 일은 없어요. 아주 힘차게 뛰고 있으니까."

그러자 보슈는 제르베즈에게 쿠포 흉내를 내보라고 했다. 사람들도 쿠포의 미친 모습을 보여 달라고 아우성이었다. 그러나 제르베즈는 고개를 저었다.

'그러다가 나까지 정말 병이 나면 어쩌지……'

제르베즈는 도저히 흉내를 낼 수가 없었다. 사람들의 실망하는 소리가 들렸다.

"이거 유감인데……."

"못한다면 하는 수 없지, 뭐……."

다음 날도 제르베즈는 병원으로 갔다. 어김없이 쿠포의 소리가 들렸다.

"이 자식! 이리 오너라. 뼈다귀도 못 추릴 줄 알아. 자, 덤벼. 내가 다 상대해 주지!"

한순간 제르베즈는 문 앞에서 숨을 가다듬었다. 문을 열고 들어가 보니 쿠포는 손도 못 댈 만큼 사나웠다. 정신병원에서 도망나온 사람 같았다. 펄펄 뛰고 벽을 두들기고 뒤로 나자빠지고 허공에 대고 주먹질을 했다. 그 다음은 창문을 열기도 하고 엎드리기도 했다.

제르베즈는 쿠포가 지붕 위에 올라가 함석을 입히고 있다는 것을 알았다. 쿠포는 죽어가는 마당에 제가 하던 일을 하고 있는 것이다.

쿠포는 지붕 위에서 함석을 입히면서 거리를 내려다보는 것 같았다. 그러고는 자기 여편네가 거리에 서 있다고 말했다. 제르베즈는 갑자기 무서워졌다. 정말 자기 모습이 보이는 것일까, 하며 쿠포를 쳐다보았다.

"여보, 아주 예뻐졌는걸. 멋진 옷을 입었어……. 이년, 네가 사내를 끌어들였구나. 이 바람둥이 년! ……. 어디 보자, 모자 장수 놈이로구나."

인턴은 제르베즈에게 모자 장수가 누구냐고 물었다. 그녀는 대답을 못 하고 우물거렸다. 쿠포는 허공에다 주먹을 날렸다. 그러고는 더욱 사나워지고 격한 노여움에 사로잡혔다. 그리고 병실을 정신없이 돌아다녔다. 땀에 흠뻑 젖은 머리카락이 이마에 달라붙었다. 그는 뒷걸음을 치기도 하고 팔을 힘차게 흔들기도 했다. 그러고는 비통한 신음 소리를 내더니 이불에 발이 걸려 벌렁 자빠졌다.

"선생님, 그이가 죽었어요."

제르베즈는 두 손을 모으고 말했다. 인턴은 쿠포에게 갔다. 아직 죽지는 않았다. 신발을 벗겼다. 양말도 신지 않고 있었다. 양 발이 사이좋게 장단을 맞추며 떨고 있었다.

그 때 원장이 들어왔다. 다른 두 사람과 함께 세 사람은 몸을 굽히고 말없이 환자의 몸을 살폈다. 윗옷을 벗겼다. 그런데 쿠포는 배까지 떨고 있었다. 옆구리도 온통 잔물결처럼 떨고 있었다. 그러다가 잠시 후에 잔물결이 멈췄다.

"잠들었군."

원장이 말했다. 원장은 환자의 얼굴을 잘 살펴보라고 주의시켰다. 발은 계속 떨고 있었다. 잠이 들었어도 발은 제멋대로 떨고 있었다. 제르베즈는 의사들이 쿠포의 상반신에 손을 대는 것을 보자 만져 보고 싶었다. 그래서 살며시 어깨에 손을 얹었다.

잠시 후에 의사들은 나갔다. 한 시간쯤 지나서 제르베즈는 남아 있던 인턴에게 나직이 말했다.

"선생님, 남편이 죽었어요."

제르베즈가 구트도르 거리로 돌아왔을 때, 보슈 부부 방에는 수다스런 여자들이 모여서 떠들고 있었다. 제르베즈는 그들이 쿠포 소식이 궁금해 자기를 기다리고 있다고 짐작했다.

"쿠포는 죽었어요."

제르베즈는 문을 밀면서 조용히 말했다. 하지만 아무도 제르베즈의 말을 귀담아 듣지 않았다. 온 아파트가 들끓고 있었다.

"그것 참! 어이없어. 프와송이 아내와 랑티에의 현장을 잡았다지 뭐야."

"하하하! 이번에는 랑티에가 이웃 음식점 딸을 꼬셔서 내장 가게를 시작한다며?"

"약아빠진 랑티에는 내장도 무척 좋아하나 봐."

제르베즈는 로리웨 부인과 르라 부인이 나란히 앉아 있는 것을 보고 힘없는 소리로 다시 말했다.

"죽었어요, 가엾게도. 4일 동안이나 춤추고 소리를 지르더니……."

두 자매는 손수건을 꺼내 울었다. 미우나 고우나 동생이 죽었으니 슬펐다. 하지만 보슈는 어깨를 들썩이며 말했다.

"뭘, 주정뱅이 하나 죽었을 뿐이야."

그 날부터 제르베즈는 정신이 이상해졌다. 그래서 사람들은 제르베즈가 쿠포의 흉내를 내는 것이 아닐까 생각했다. 제르베즈의 모습은 아파트 사람들의 구경거리가 되었다. 제르베즈는 손발을 떨며 소리를 질렀다. 아마도 남편의 모습을 지켜보는 바람에 이런 버릇이 생긴 모양이었다.

하지만 그녀는 운이 없었다. 그렇게 죽고 싶어했지만 남편처럼 죽지 못했다. 때때로 제르베즈는 거리에서 동네 개구쟁이들에게 양배추로 얻어맞기도 했다. 제르베즈는 아무리 심한 모욕을 받아도 살 수 있었다. 굶어 죽기 직전 상태로 하루하루를 살았다. 4수짜리 동전만 생겨도 냉큼 술을 사서 마셨다.

사람들은 이렇게 더러운 것은 아무리 제르베즈라도 먹지 못할걸, 하고 내기를 했다. 그러나 그녀는 10수가 탐이 나 더러운 음식도 먹어치웠다. 집주인은 제르베즈를 쫓아낼 결심을 했다.

그런데 브뤼 영감이 계단 밑 골방에서 죽어 있는 것이 발견되어 그 방을 제르베즈에게 주기로 했다. 제르베즈는 브뤼 영감이 쓰던 방에서 주린 창자를 움켜쥐며 살았다. 뼛속까지 얼어붙는 추위 속에서 떨면서 지냈다. 무덤의 흙도 제르베즈를 원하지 않는 것 같았다. 이제는 완전히 바보가 되었다. 죽음의 신은 제르베즈를 처참한 생활의 막바지까지 질질 끌고 다녔다.

그러다가 그녀는 결국 죽었다. 죽음의 원인도 분명치 않았다. 사람들은 제멋대로 떠들었다. 로리웨 부부는 게으름 때문에 죽었다고 했다.

어느 날 아침, 복도에서 썩은 냄새가 나자 사람들은 이틀 전부터 제르베즈가 보이지 않는 것을 생각해 내고 골방에 들어가 보았다. 그 때 이미 제르베즈의 몸은 흙빛으로 변해 있었다.

가난뱅이들을 위한 싸구려 관을 옆에 끼고 시체를 처리하러 온 사람은 바주즈 영감이었다. 그 날도 그는 꽤 취해 있었다. 바주즈 영감은 죽은 사람이 누구라는 것을 알자 약간 철학적인 말을 했다.

"누구나 한 번은 가는 거야. 옥신각신 싸울 필요 없어. 괜히 서두르는 것도 어이없는 짓이지. 하늘나라는 빨리 가고 싶다고 해서 빨리 가지는 곳도 아니지. 가고 싶어하는 사람도 있고 가지 않으려고 발버둥치는 사람도 있어……. 이 여자도 처음엔 싫어하더니 나중에 무척 가고 싶어했지. 그래서 내가 기다리라고 했어. 이제서야 그 때가 온 거야. 이 여자는 이제서야 자기 소원을 풀었군. 자, 기운을 내서 해 보자고."

바주즈 영감은 아버지처럼 정성 들여 제르베즈를 관 속에 누이고 딸꾹질을 했다.

"이봐요, 납니다. 당신은 이제 행복하게 되셨수. 푹 주무슈, 예쁜 색시! 거긴 당신을 괴롭히는 게 없을 테니……."

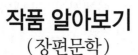

작품 알아보기
(장편문학)

〈목로 주점〉은 〈루공 마카르 총서〉 제7권으로 1877년에 발표된 작품이다. 발을 약간 저는 세탁녀 제르베즈와 그녀의 주변을 둘러싼 랑티에와 쿠포, 구제 등의 남자가 주요 인물로, 19세기 말의 프랑스 사회상이 잘 그려져 있다.

'목로 주점'의 질 나쁜 술에 의해 인간들이 서서히 망가지는 모습을 그리고 있는 이 작품은 1850년 스물두 살의 제르베즈가 남편 랑티에와 두 아이를 데리고 파리에 온 이후부터 19년 후인 1869년 가엾은 생애를 마감할 때까지를 그리고 있다.

당시 프랑스의 노동자들 중에서도 곱절로 비참한 삶을 사는 여자들은 경제적인 측면과 성적인 측면에서 이중으로 억압받았다. 남자들은 비참한 삶을 살고 있지만 그래도 실컷 분풀이할 수 있는 여자가 있었으나, 여자들은 몇 푼 안 되는 보수에 매달려 하루 종일 일하고 가사와 육아를 담당하고, 그것도 모자라서 남편한테 얻어맞기까지 한다. 제르베즈의 삶은 그런 모습의 전형이다.

파리 노동자들에 대한 풍자소설로서 작자의 예리한 관찰력과 구성력이 잘 나타나 있는 작품이다.

논술 길잡이
(장편문학)

❶ 다음은 제르베즈가 자기 소망을 이야기하는 부분이다. 제르
베즈의 소망은 이처럼 평범하고 소박함에도 불구하고 자신
이 원하는 삶을 살지 못하는 이유는 무엇 때문인지 써 보자.

> "저는 큰 걸 바라지 않아요. 그저 착실하게 일하고 밥 세 끼 먹고 잠
> 잘 수 있는 깨끗한 방에 침대 하나, 테이블 하나, 의자 두 개면 돼
> 요. 그리고 내 아이들이 훌륭한 사람이 되는 거지요. 또 한 가지 소
> 원은 내가 살림을 차린다면 매를 맞지 않는 거예요. 정말 매는 맞기
> 싫어요. 그리고 내 침대에서 죽는 것 그게 전부예요."

논술 길잡이
(장편문학)

❷ 아래 그림은 랑티에와 제르베즈의 관계를 눈치 챈 동네 사람들이 제르베즈를 욕하는 장면이다. 랑티에를 감싸고 제르베즈만을 비난하는 동네 사람들의 행위에 대해 어떻게 생각하는지 써 보자.

....

....

....

....

❸ 랑티에는 평생동안 게으름을 피우면서 여자들이 벌어다 주는 돈으로 먹고 산다. 랑티에의 이러한 행동에 대해 어떻게 생각하는지 자신의 생각을 써 보자.

....

....

....

....

❹ 쿠포는 원래 성실하고 착한 사람이었다. 그러나 점차 타락해 가는데, 쿠포가 이렇게 된 직접적인 원인과 간접적인 원인을 각각 적어 보자.

◆ 직접적인 원인:

....

◆ 간접적인 원인:

....

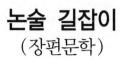

논술 길잡이
(장편문학)

❺ 졸라가 이 소설을 통해 말하고자 하는 바가 무엇인지, 당시 파리 노동자들의 삶과 관련지어 쓰라.

----

❻ 졸라의 다른 작품인 〈나나〉, 〈제르미날〉 등을 읽어 보고, 졸라의 작품의 특징을 파악하여 적어 보자.

논·술·세·계·대·표·문·학 〈전60권〉

펴 낸 이	정재상
펴 낸 곳	훈민출판사
주 소	경기도 고양시 덕양구 원당동 416번지
대 표 전 화	(031)962-3888
팩 스	(031)962-9998
출 판 등 록	제395-2003-000042호